中等职业教育公共基础课创新系列教材

劳动教育

主编 汪永智 郭宏才 荣爱珍

北京理工大学出版社
BEIJING INSTITUTE OF TECHNOLOGY PRESS

版权专有 侵权必究

图书在版编目（CIP）数据

劳动教育 / 汪永智，郭宏才，荣爱珍主编 . —北京：北京理工大学出版社，2021.5（2022.8 重印）
ISBN 978-7-5682-9733-2

Ⅰ．①劳… Ⅱ．①汪… ②郭… ③荣… Ⅲ．①劳动教育－教材 Ⅳ．① G40-015

中国版本图书馆 CIP 数据核字（2021）第 065374 号

出版发行 /	北京理工大学出版社有限责任公司
社　　址 /	北京市海淀区中关村南大街 5 号
邮　　编 /	100081
电　　话 /	（010）68914775（总编室）
	（010）82562903（教材售后服务热线）
	（010）68944723（其他图书服务热线）
网　　址 /	http://www.bitpress.com.cn
经　　销 /	全国各地新华书店
印　　刷 /	定州市新华印刷有限公司
开　　本 /	787 毫米 × 1092 毫米　1/16
印　　张 /	10
字　　数 /	178 千字
版　　次 /	2021 年 5 月第 1 版　2022 年 8 月第 2 次印刷
定　　价 /	32.00 元

责任编辑 / 曾繁荣
文案编辑 / 曾繁荣
责任校对 / 周瑞红
责任印制 / 边心超

图书出现印装质量问题，请拨打售后服务热线，本社负责调换

编写委员会

主　编： 汪永智　郭宏才　荣爱珍

副主编： 朱泽鹏　李相君　刘　明　王丹丽　廖映新

编　委：（以姓氏拼音首字母排序）

　　　　陈丽娥　陈紫隆　程　络　邓静文　董文佳　杜瑞娜

　　　　管小青　洪晓旋　黄丽眉　黄琪云　赖明霞　赖现英

　　　　黎祎捷　李海清　刘　欢　刘佩玲　吕天旭　潘楚加

　　　　潘奕呈　孙文静　谭颖思　王　宁　吴苏吟　张妮妮

　　　　周娟娟　周文昊

前言 PREFACE

2018年全国教育大会上，习近平总书记明确点明劳动的重要性，重新将劳动纳入国家教育体系，强调要在学生中弘扬劳动精神，要教育引导学生崇尚和尊重劳动。习近平劳动教育观立足国情和发展实际，不仅丰富发展了党和国家的教育方针，而且对学校加强劳动教育提出了新任务、新要求。

2020年3月，中共中央、国务院印发《关于全面加强新时代大中小学劳动教育的意见》，就全面贯彻党的教育方针，加强大中小学劳动教育进行了系统设计和全面部署，从基本目标、总体内涵、课程设置、内容要求、评价制度五大方面明确了劳动教育体系的建构。劳动教育直接决定了社会主义建设者和接班人的劳动精神面貌、劳动价值取向和劳动技能水平，我们每个人都应当牢记，实现中华民族伟大复兴的中国梦要靠一代又一代人接续奋斗，任何一项伟大的事业都要靠辛勤劳动才能实现。

本书依据《大中小学劳动教育指导纲要（试行）》编写，面向学校，针对劳动教育是什么、教什么、怎么教等问题，进行了细化的专业指导。全书共有6个模块，分别为劳动哲学与劳动教育、劳动制度与劳动法规、劳动精神与劳动素养、日常生活劳动实践、社会服务劳动实践，以及生产劳动实践。编者以学生为中心，在理论启发上切实考量学生已有的知识技能及本身具有的生活经验，以案例方式引导学生树立正确劳动观；活动设计操作性强，具有普适性和实效性。

由于编写时间有限，本书可能存在欠缺之处，希望读者批评指正，在此表示衷心的感谢。

编　者

目录 CONTENTS

模块 1　劳动哲学与劳动教育 ················· 1

　1.1　认识劳动 ································· 1
　1.2　马克思主义劳动观 ······················ 10
　1.3　中国劳动教育的前世今生 ················ 19

模块 2　劳动制度与劳动法规 ················ 25

　2.1　劳动基本制度 ··························· 25
　2.2　劳动法律法规 ··························· 32
　2.3　劳动合同及权益保障 ···················· 40
　2.4　实习与现代学徒制权益 ·················· 48

模块 3　劳动精神与劳动素养 ················ 55

　3.1　劳动精神和劳动纪律 ···················· 55
　3.2　新时代工匠精神 ························· 64
　3.3　劳模精神和劳动素养 ···················· 74

模块 4　日常生活劳动实践 ··················· 87

　4.1　校园环境劳动 ··························· 87
　4.2　自我生活劳动 ··························· 93
　4.3　日常家务劳动 ··························· 103

模块 5　社会服务劳动实践 …………………………… 113

　　5.1　勤工助学劳动实践 ………………………………… 113
　　5.2　社区劳动与志愿服务实践 ………………………… 119
　　5.3　创新创业劳动实践 ………………………………… 130

模块 6　生产劳动实践 ………………………………… 135

　　6.1　劳动保护和职场安全 ……………………………… 135
　　6.2　实习实训基地劳动实践 …………………………… 142
　　6.3　角色转换和职场适应 ……………………………… 146

模块1　劳动哲学与劳动教育

劳动是人类社会生存和发展的基础，是人维持自我生存和自我发展的唯一手段。劳动是人类的本质特征，社会上一切的物质财富与精神财富都来源于劳动，可以说，没有劳动，就没有人类的生活。新时代重提劳动教育是对劳动教育的认识回归本质，青少年学生应该树立正确的劳动观，把技能与劳动精神、工匠精神、劳模精神、职业精神相结合，社会实践与责任担当相结合，拓展劳动的广度与深度，重构个体与他人、社会与自然的关系，立志成长为一名爱劳动、会劳动、会感恩、会助人的德智体美劳全面发展的社会主义建设者和接班人。

1.1　认识劳动

学习目标

1. 了解劳动的概念和劳动的基本分类。
2. 理解劳动的意义，树立基本的劳动意识。

导入

如果你是企业主管，你会选择谁？

小辉和小超是某学校民政服务与管理专业的同班同学，毕业后，他们很幸运地通过面试，被学校合作办学的养护院录取了，开始了顶岗实习的工作。站在同一个起跑线上，他们的能力和水平也都不分上下，起初企业主管都很喜欢他们。

要较快地适应顶岗实习工作，完成从学生到实习生的角色转换并不是一件容易的事情。小辉在求学阶段就有比较强的时间观念和纪律意识，他每天起早贪黑，认真地完成上级主管交代的任务。对于主管交代的任务，一旦有不清楚的地方，他都会有礼貌地询问，并立刻记录在手机的备忘录上。刚开始工作时，小辉感到很不适应，他发现很多事在学校里老师都没有教过。不过，小辉会厚着脸皮，虚心地请教养护院里资深的同事，下班后他还会请教学校的专业老师，翻阅专业书籍补短板。在认真工作的同时，小辉善于发现问题，并尝试与主管沟通，反馈问题的同时会提出自己初步的解决方案。工作一段时间后，主管对他赞赏有加，觉得这个实习生为人谦逊，待人有礼，对养护院里的长者耐心周到，很适合在养护院中担任社工的工作。得到主管和长者们认可的小辉，觉得工作越来越得心应手，每天都干劲满满，他对于自己未来能成为一名专业的社工越来越有信心。

反观小超，刚开始实习工作时，他热情高涨，什么都抢着去完成，但当发现工作难度大，比如和长者沟通时，经常听不清楚他们说什么，又或是主管对设计活动的方案提出修改意见时，小超就会产生畏难情绪，容易气馁。有一次，养护院人手不足，午饭时间护理人员想让小超帮忙照顾一下长者吃午饭，结果小超一口拒绝了，他坚持自己是一名社工，不是护理员，不应该承担照顾长者吃午饭的工作。他的这个举动，同事们没有多说什么，但是大家对他的观感发生了一些变化。工作了一段时间后，小

超的不满情绪越来越多，尤其是当主管在下班前交代工作任务，要他加班完成时，他会面露难色，还会和同事抱怨，觉得主管是故意刁难自己，影响自己的休息。他觉得自己就是一个实习生，实习工资不高，拿多少钱就做多少事情，很公平，被主管批评后他还背地里说主管的坏话。过年的时候，一位长者给小超红包，

起初他推让着说不能收，犹豫再三后，他默默地把红包收下了……

半年后养护院要开展年终考核，如果你是企业主管，你会给小辉和小超怎样的评价呢？

分析： 作为一名职业院校的学生，一名"准职业人"，在校期间，同学们应该努力把自己培养成为德能兼备的全面发展的"准职业人"。除了夯实自己的专业技能外，我们还要提升自己的职业道德修养，重点培养自己精益求精、追求卓越的工匠精神和爱岗敬业的劳动态度。在顶岗实习的工作中，虽然我们只是一名实习生，但也应该以正式员工的标准来严格要求自己，尊重自己的劳动、尊重自己的工作岗位，努力通过顶岗实习来加深对未来工作岗位的认识，发现自己的不足，争取更大的进步与提升。

劳动是财富的源泉，也是幸福的源泉。正如国家主席习近平在2021年新年贺词中说道"征途漫漫，惟有奋斗。我们通过奋斗，披荆斩棘，走过了万水千山。我们还要继续奋斗，勇往直前，创造更加灿烂的辉煌。"作为一名"准职业人"，新时代的劳动者，在"两个一百年"奋斗目标的历史交汇期，同学们应该坚信"三百六十行，行行出状元"，树立"人人皆可成才、人人尽展其才"的自信，通过自己诚实劳动，描绘属于自己的出彩人生，为建设技能中国做出自己应有的贡献。

思考： 结合所学专业，谈谈你对劳动概念和内涵的理解？如何增强自己的劳动意识，树立正确的劳动观念，把自己培养成为德能兼备、全面发展的新时代劳动者？

一、劳动的概念

劳动是人类特有的，为满足自身的物质和精神需要，有目的地调整和控制人和自然界之间的物质变换过程的一种改变自然物的社会实践活动。恩格斯在《劳动在从猿到人转变过程中的作用》一文中指出："在一定意义上说，'劳动创造了人本身'"。可以说，劳动是人类社会存在和发展的最基本的条件，劳动在人类形成过程中，起了决定性的作用。

恩格斯

二、劳动的分类

根据劳动所依靠的主要运动器官的不同，可以将劳动划分为体力劳动、脑力劳动和生理性劳动。

1. 体力劳动

体力劳动是指以人体肌肉与骨骼的劳动为主，以大脑和其他生理系统的劳动为辅的人类劳动。

2. 脑力劳动

脑力劳动是指以大脑神经系统的劳动为主，以其他生理系统的劳动为辅的人类劳动。

3. 生理劳动

生理性劳动是指除了体力劳动和脑力劳动以外的其他形式的人类劳动。

一般的人类劳动由脑力劳动、体力劳动与生理性劳动按照不同的比例关系组合而成。任何劳动都是脑力劳动与体力劳动的结合。

> **讨论思考：**
> 当今社会存在歧视体力劳动的表现，对此我们该如何看待？

三、劳动的意义

劳动是创造物质世界和人类历史的根本动力，是一切社会财富的源泉。劳动对于社会和个人存在重要意义。

1. 劳动创造了人类

在生产力还不发达的时代，人们为了获取食物、衣服等生活必需品，发明制造了劳动工具，让劳动创造获取更多的价值。如果没有劳动，便没有发明与创造，那样人类社会将永远停留在原始、野蛮的古代社会，根本不会创造出现在如此灿烂辉煌的物质财富和精神财富。劳动是人类生存的需要，也是安全的需要、爱的需要、发展的需要，是人自我实现的需要。

知识窗

劳动生产工具的演变

创造和使用工具是人类终于从蒙昧的野人时代进化到原始社会时代的终极原因。石器的使用使原始人类极大地提高了在原始大地上生产生存的能力，从而开创了人类成为地球主宰的时代。

石器工具

青铜器时代对应于奴隶社会，铁器时代对应于封建社会。青铜工具比石制工具更易于制造和使用，因而可获得更高的劳动效率，而铁器比青铜器更易于锻造，而且更加坚硬和锋利，更利于制作农业生产工具。

青铜器工具

机器的使用开创了人类的有动力工具时代，人类进入到资本主义社会，动力工具的使用极大地加快了生产力发展，人类社会进入到更快、更高的发展阶段。

珍妮纺织机

瓦特改良的蒸汽机

2. 劳动开发了思维

在人类思维的发展史上，劳动是人类的意识和思维产生的决定因素。劳动促使人脑结构不断完善，同时也丰富了思维的内容。我国著名教育家陶行知先生的《手脑相长歌》用儿歌形式说明了劳动中会"学"又要会"做"，激发出创造思维的道理。

> "人有两个宝，双手与大脑，双手会做工，大脑会思考，用手又用脑，才能有创造。"
>
> ——《手脑相长歌》

3. 劳动培养了吃苦耐劳精神

劳动不仅是一种生活体验，也是锻炼我们动手能力、社会实践能力的重要途径，更是培养我们尊重劳动、勤俭节约、劳动光荣等价值观的重要方式。"吃得苦中苦，方为人上人"，因此，学生在学校时就应多参与一些力所能及的劳动，在活动中要乐于吃苦，勇于自我挑战，使自己敢于吃苦，乐于吃苦，从而培养吃苦耐劳的劳动精神。

思考： 互联网科技飞速发展的今天，人类还需要从事脑力劳动之外的其他劳动吗？

4. 劳动培养责任意识

国内外大量的调查研究证明，从小养成劳动习惯的人，长大后更可能具有责任心，也更容易适应家庭生活和职场工作的需要，而不爱劳动的人恰恰相反，他们更可能成为生活与职场的失败者。劳动是衡量一个人综合素质的最后形式，通过劳动教育，人的道德、知识、能力、素质等可以得到全面、综合的提升和展示。劳动教育有助于培养学生独立自主的生活生存能力，还有助于增强学生的公民意识和社会责任感。

5. 劳动培养劳动价值观

新时代劳动教育是中国特色社会主义教育制度的重要内容，它直接决定青少年作为社会主义建设者和接班人的劳动精神面貌、劳动价值取向和劳动技能水平。因此，要重视青少年的劳动教育，使其树立正确的劳动观，以劳动为荣，把劳动当作一种乐趣融入物质和精神生活之中。

志愿服务我先行 赛事因我而精彩

2020年是广州马拉松赛的第八年，经过八年的快速发展，广州马拉松赛已成为展示广州形象和社会经济发展成果的靓丽城市名片。赛场上，除了有蓬勃斗志、坚信"坚持到底就是胜利"的运动员外，志愿者们也同样引人注目，他们分布在不同的岗位上，热心地为赛事提供最优质的志愿服务。

比赛正值冬天，广东省外语艺术职业学院（海珠校区）的志愿者们不畏严寒，在凌晨三四点就已经起床集合了。他们身穿绿色马甲，怀着激动的心情，奔向广州马拉松赛的现场，为广马保驾护航！一路上，志愿者们都笑着说："起得比鸡早，但一点都不困。"

凌晨准备上岗的志愿者们

由于新冠病毒肺炎疫情的原因，志愿者全程都要佩戴口罩，一整天下来，有些志愿者脸上有了勒痕。因为戴着口罩，志愿者们在马拉松选手经过其所在路段时，需要更加卖力地加油助威。陈同学说："我的组员和其他志愿者全程一个多小时都在呐喊，为他们加油助威，虽然很累，但是很开心，自己做了很有意义的事情。"另一位志愿者吴同学说："每位志愿者都在扮演着啦啦队的角色，为每一位跑过的选手加油，我心情很激动，感觉自己也在参加马拉松比赛。"

在志愿服务的过程中，马拉松选手对志愿者的付出表示了衷心的感谢。志愿者龙同学分享道："他们（运动员们）有的会气喘吁吁地开玩笑说：'没油啦，你来跑跑试试'，然后跑上来和我们合影留念；有的人会在拿过水后说声'辛苦了'，而我们则会大声回答：'不辛苦，为人民服务！'但更多的人在听到我们加油呐喊时露出微笑，默默点头继续前进。"

为选手加油助威的志愿者们

在比赛中，还会看到残疾人运动员的身影。志愿者朱同学说道："他们让我看到挑战极限的勇气、超越自我的信心、坚韧不拔的意志和永不放弃的坚定。他们的努力让我很感动。"一位同学已经连续两年担任马拉松赛志愿者了，他由衷地表示："从广州国际灯光节到广州马拉松，背后是这座城市抗疫的决心和信心，我爱广州，超级爱！"

参加志愿服务，内心收获满满

志愿服务过程充满了温暖与感动，志愿者们默默无闻地为运动员们服务，虽然辛苦，但是当他们得到运动员对自己的肯定、支持和感激时，会觉得自己所付出的一切都是值得的。

由于新冠病毒肺炎疫情的原因，主办方加强了志愿者们的疫情防控管理和培训工作，所有参与服务的志愿者均提前14天打卡申报健康情况，全面做好疫情防控管理。所有志愿者克服了服务时间长、工作任务重等困难，秉承对志愿服务的高度热情和崇高使命感，用最青春的姿态向大家展示了志愿者精神，传递志愿服务的理念。激动人心的比赛落下了帷幕，志愿者们在冬日的暖阳里挥洒的汗水化成快乐与感动，流淌成一条温婉的河，温暖、滋润着人们的心田。

分析：志愿服务是社会文明进步的重要标志，是广大志愿者奉献爱心的重要渠道，是培育和践行社会主义核心价值观的有效载体。探索以志愿服务活动推进劳动教育，对于培养德智体美劳全面发展的社会主义建设者和接班人具有重要意义。职业院校的青年学生正处于人生的"拔节孕穗期",最需要精心引导和栽培。通过参加志愿服务活动,不仅可以强化同学们的社会责任感,培育大家的公共服务意识、爱国情怀,还能与劳动教育互促互进、相得益彰。

作为新时代的青年学生,我们要积极响应习近平总书记的号召,"弘扬奉献、友爱、互助、进步的志愿精神,坚持与祖国同行、为人民奉献,以青春梦想、用实际行动为实现中国梦做出新的更大奉献"。

思考: 结合案例,谈谈你对服务性劳动的理解?结合你的志愿服务经历,分享你的收获,谈谈你是如何在志愿服务过程中闪闪发光的?

6. 劳动是个人和家庭幸福的源泉

幸福是个人由于理想的实现或接近而引起的一种内心满足。追求幸福是人们的普遍愿望。幸福不仅包括物质生活,也包括精神生活;幸福不仅在于享受,也在于劳动和创造。青少年必须具备多方面、多层次的劳动能力和勤奋工作的态度才能适应科学技术日新月异的未来社会。不论从事什么工作,都需要有动手的技能技巧,这与知识的掌握既有联系又有区别。如果青少年在成长过程中就珍惜动手机会,有意识地培养、训练自己的动手动脑能力来解决生活中的问题,久而久之,就会使自己形成动手动脑的好习惯,在未来社会中便能更好地适应生活和工作的需要。

拓展训练

有的学生认为自己还是学生,大部分时间都用于学习,平时参加劳动的机会较少;还有的学生,家里的家务活都由家人承包了。其实,生活中的劳动随处可见,以"我爱劳动"为活动主题,完成相关活动。

"我爱劳动"小调查

活动主题	我爱劳动
活动安排	1. 分小组讨论。每个组员在组内讲述自己平时参加的劳动项目。 2. 每个小组将这些例子以图片、电子演示文稿(PPT)、小视频等形式展现出来。 3. 每组选出小组代表,由小组代表汇报小组成果。 4. 将同学们劳动的图片、电子演示文稿(PPT)、小视频等在班级展示,由同学们评选出最佳汇报成果。

1.2 马克思主义劳动观

学习目标

1. 理解马克思主义劳动观，树立正确的劳动观。
2. 理解新时代劳动观的内涵与要求。

导入

最美清洁工 20年未过春节

新春佳节家家户户燃放烟花爆竹，欢度春节，却给环卫工人增加了繁重的工作量，他们的工作量比平常至少增加了两三倍。李萍叶是七里河城管局清扫所清扫二站的环卫工人，她当环卫工人20多年来，每年春节基本上都在马路上清扫垃圾。

春节期间，每天李萍叶都把闹铃调到凌晨3点钟，从安西路的家骑车10余分钟，抵达负责的清扫路段。大年三十由于燃放的烟花爆竹比较多，她和同事们早晨2点钟就开始出动了。以往上最早班时一天能清扫两三车垃圾，春节期间，经常一天就能扫五六车垃圾，除夕和元宵节还要多。

烟花爆竹遍地开花，纸屑和残渣随风乱飘，有些还刮到了绿化带里，清扫难度也增大了。经常还会有前脚刚扫完，后面又燃放鞭炮的情况发生，她们只好回过头去再扫，从早到晚要来来回回扫好多遍。

思考： 从李萍叶和她同事们辛苦的平凡工作中，我们看到了怎样的精神？青少年应该树立怎样的劳动观？

马克思劳动观认为"劳动作为一种有意识和能动性的生产活动，是人类区别于动物的根本特征。劳动创造了人，创造了人类世界，劳动是一切社会财富唯一的创造性动力和源泉。""实现人的自由全面发展"是马克思主义的最高命题，也是新时代中国特色社会主义事业的现实目标。如何能够实现人的全面发展呢？"归根到底要靠教育和劳动生产相结合去实现，这是唯一途径。"

一、马克思主义劳动观的基本内容

《关于全面加强新时代大中小学劳动教育的意见》指出:"通过劳动教育,使学生能够理解和形成马克思主义劳动观,牢固树立劳动最光荣、劳动最崇高、劳动最伟大、劳动最美丽的观念"。那么马克思主义劳动观到底是什么?马克思在《1844年经济学哲学手稿》中提出:"人类的本质是自由自觉的人类劳动"。马克思主义劳动观具体包括以下几方面。

1. 劳动创造世界

马克思认为,构成人类赖以存在的现实世界的关键要素之一正是人的劳动,而且这种劳动并不是抽象层面的劳动,而是作为人类实践活动最基本形式的"生产劳动",这是区分人与动物的关键。"当人开始生产自己的生活资料,即迈出由他们的肉体组织所决定的这一步的时候,人本身就开始把自己和动物区别开来。"作为人类最基本实践活动形式的劳动,也不再只是单纯地依靠人的感性活动,而是将感性活动转变为人的现实社会活动。马克思揭示了劳动的社会规定性,并从人与人的社会关系层面来理解和把握劳动,从而实现了历史唯物主义对之前一切旧唯物主义的根本性超越。

2. 劳动创造历史

马克思认为:"人们为了能够'创造历史',必须先能够生活。但是为了生活,首先就需要吃喝住穿以及其他一些东西。因此,第一个历史活动就是生产满足这些需要的资料,即生产物质生活本身,而且,这是人们从几千年前直到今天单是为了维持生活就必须时时刻刻从事的历史活动,是一切历史的基本条件。"在马克思的历史唯物主义中,劳动被看作"一切历史的基本条件"和"人类的第一个历史性活动",其既是人类历史发展的事实起点,也是整个历史唯物主义建构的逻辑起点。马克思正是通过劳动来揭示物质资料生产的作用,发现了人类社会关系发展的客观规律性;并由此肯定了人的主体地位,继而发现劳动人民在历史发展中的伟大作用。而这正是马克思全面建立历史唯物主义的两个理论准备。

3. 劳动创造人本身

马克思深刻指出,劳动不仅创造出人类的物质世界和社会历史,同时也创造了人类自己。"劳动首先是人和自然之间的过程,是人以自身的活动来中介、调整和控制人和自然之间的物质交换的过程。"这是由于为了能够占有自然物质，人类必须使他的头、手臂、大腿以及其他器官动起来，而当人类通过这种运动作用于他身外的自然并改变自然时，也就同时改变他自身所处的社会生活及人类本身。"劳动是整个人类生活的第一个基本条件，而且达到这样的程度，以致我们在某种意义上不得不说：劳动创造了人本身"。

4. 劳动是商品价值的唯一源泉

马克思在《资本论》中提出了较为完整的劳动二重性理论，即把劳动区分为具体劳动和抽象劳动，劳动的二重性统一于劳动过程之中。"一切劳动，一方面是人类劳动力在生理学意义上的耗费，就相同的或抽象的人类劳动这个属性来说，它形成商品价值；另一方面是人类劳动力在特殊的有一定目的的形式上的耗费，就具体的有用的劳动这个属性来说，它生产使用价值"。

"商品具有价值，因为它是社会劳动的结晶。商品价值的大小或它的相对价值，取决于它所含的社会实体量的大小，也就是说，取决于生产它所必需的相对劳动量。所以，各个商品的相对价值，是由耗费于、体现于、凝固于该商品中的相应的劳动数量或劳动量决定的。"可以看出，马克思强调商品的价值是由劳动者创造的，要生产出一个商品，就必须在这个商品上投入或耗费一定量的劳动。而我们如果承认某种商品具有价值，也就是承认在这种商品中有着一种体现了的、凝固了的或所谓结晶了的社会劳动。虽然当代社会的劳动形态已经发生了巨大变化，但劳动是商品价值的唯一源泉仍然是颠扑不破的真理。

商品价值的源泉只有一个，那就是人类的抽象劳动。抽象劳动创造商品的价值。抽象劳动构成商品价值的实体。马克思认为"劳动是商品价值的唯一源泉，劳动剥削是资本主义的社会本性，按劳分配是实现社会正义的重要原则"。

二、新时代中国特色社会主义劳动观

党的十八大以来，习近平总书记结合新时代历史特点对马克思劳动观进行了创新性解读，在继承和发展马克思劳动观的基础上，逐步形成了新时代的马克思劳动观，即中国特色社会主义劳动思想体系。

（一）新时代劳动价值观

1. 坚守劳动价值论

劳动，作为人类社会一切物质财富和精神财富的源泉，在人类生存与发展中具有根本作用。习近平热情礼赞了劳动的价值："人世间的一切幸福都需要靠辛勤的劳动来创造""全面建成小康社会,进而建成富强民主文明和谐的社会主义现代化国家,根本上靠劳动、靠劳动者创造""劳动创造了中华民族,造就了中华民族的辉煌历史,也必将创造出中华民族的光明未来"。

2. 弘扬劳动精神

进入新时代,习近平深刻指出,劳动没有高低贵贱之分,任何一份职业都很光荣。一切劳动,无论是体力劳动还是脑力劳动,都值得尊重和鼓励;一切创造,无论是个人创造还是集体创造,也都值得尊重和鼓励。人间万事出艰辛,一勤天下无难事。要在全社会大力弘扬劳动光荣、知识崇高、人才宝贵、创造伟大的时代新风,促使全体社会成员弘扬劳动精神。劳动模范和先进工作者、先进人物要身体力行向全社会传播劳动精神和劳动观念。广大党员、干部要带头弘扬"勤俭、奋斗、创新、奉献"的劳动精神,牢固树立依靠劳动推动发展的理念,高度重视劳动、切实尊重劳动、鼓励创新创造,让劳动光荣、创造伟大成为铿锵的时代强音,让劳动最光荣、劳动最崇高、劳动最伟大、劳动最美丽蔚然成风。

案例思考

钟南山,中国工程院院士,著名呼吸病学专家,中国抗击非典型肺炎的领军人物。他长期从事呼吸内科的医疗、教学、科研工作。1992-2002年,钟南山院士担任广州医学院党委书记、院长,他辛勤耕耘在教育教学第一线,坚持为本科生授课,定期为实习生开设临床讲座,坚持每周一次全院性临床教学查房,融"教书育人"于教育教学全过程,在教学实践中,他提出了要注重培养学生具有"五性",即"对学习的自主性""对工作的创造性""对病人的责任性""对集体的合群性"和"对社会的适应性"。钟南山院士坚定地站在维护公共利益的立场,坚持真理,敢于质疑,敢于追问,发出不同的声音,提出不同的判断。在抗击"非典"疫情中,钟南山院士带领团队率先投入战斗,主动要求收治危重"非典"患者,积极倡导国际大协作,组织了

钟南山

广东省"非典"防治研究,创建了"合理使用皮质激素,合理使用无创通气,合理治疗并发症"的方法治疗危重"非典"患者,获得了96.2％的国际最高存活率。"新冠"肺炎疫情发生后,他立足事实,勇敢决断,敢医敢言,提出存在"人传人"现象,强调严格防控,领导撰写"新冠"肺炎诊疗方案,在疫情防控、重症救治、科研攻关等方面做出杰出贡献,从而决定了疫情的走向,避免了万千人的死亡。

2003年,钟南山被广州市人民政府授予"抗非英雄"称号;2018年,党中央、国务院授予钟南山同志"改革先锋"称号;2019年钟南山被评选为"最美奋斗者";2020年,党中央授予钟南山"共和国勋章"。

思考:一个人的行动由思维决定,思维的判断取决于人的观念。"最美奋斗者"钟南山同志的行动来源是他的什么精神和观念?

3. 弘扬劳模精神

劳模精神是我国优秀传统劳动文化的时代结晶。习近平强调,劳模始终是我国工人阶级中一个闪光的群体,享有崇高声誉,备受人民尊敬。长期以来,广大劳模以高度的主人翁责任感、卓越的劳动创造、忘我的拼搏奉献,谱写出一曲曲可歌可泣的动人赞歌,铸就了"爱岗敬业、争创一流,艰苦奋斗,勇于创新,淡泊名利、甘于奉献"的劳模精神,为全国各族人民树立了光辉的学习榜样。劳模精神生动诠释了社会主义核心价值观,丰富了民族精神和时代精神的内涵,是我们极为宝贵的精神财富,是激励全国各族人民团结奋斗、勇往直前的强大精神力量。

4. 弘扬工匠精神

工匠精神表现为精于工、匠于心、品于行。习近平指出,大国工匠是职工队伍中的高技能人才,他们在长期的实践中积淀了刻苦钻研、精益求精、追求卓越、创造一流的职业素养。在中华民族数千年的历史长河中,工匠精神源远流长。"巧夺天工""独具匠心""技进乎道"等成语典故,体现的正是匠人们卓绝的技艺和精益求精的价值追求。工匠精神宣传进入黄金时段、重要版面,影响和带动更多职工崇尚劳动、爱岗敬业。社会各方要为劳动模范、大国工匠发挥作用搭建平台、提供舞台,为劳模、工匠传承技能、传承精神创造条件,培养造就更多劳动模范、大国工匠。

（二）新时代劳动实践观

劳动——铸就生命的辉煌

1969年，15岁的少年习近平到陕北插队，在梁家河这个黄土高原上封闭的小山村一待就是7年。

1969年初，梁家河村迎来了一支特殊的队伍，不到16岁的习近平和14名北京知青一起，沿着一条宽1米左右的破土路，徒步来到梁家河。和所有北京知青一样，初来乍到的习近平在生活上和劳动上都不太适应。他曾说，自己当年插队时过了"五关"的历练，分别是：跳蚤关、饮食关、生活关、劳动关、思想关。

习近平干活利索，能吃苦，而且非常爱读书。在习近平曾经住过的窑洞里有一盏墨水瓶做的煤油灯非常引人注意，村民们说，下乡插队时，习近平每天晚上都会在这样一盏煤油灯下读书，经常读到深夜。

梁家河村村民说："除了生活用品之外，整个都是书。外国文学书也有，古代书我那时候（记得）很明显的就是《三国志》，给我的印象特别深。"从不会做饭、不会干农活，到乡亲们眼里能吃苦、爱读书的好后生，习近平逐渐赢得了老乡们的信任。很快，他成了村里的青年积极分子。1973年，他光荣地加入了中国共产党。在村民们看来，入党后的习近平变化更大了，在他的带领下，村里的青年们也跟着学了不少东西，大家的感情越来越浓。梁家河村原村支书、习近平入党介绍人说："习近平爱讲故事，中外故事他都讲，他们都听他讲故事，农民给他讲怎么种地、怎么犁地、怎么锄地，互相交流。"

习近平曾经把郑板桥的一首诗改动过几个字，表示他对上山下乡的体会，他写到："深入基层不放松，立根原在群众中。千磨万击还坚劲，任尔东西南北风。"在梁家河村，他与老百姓情同一家，心中永远眷恋的是脚下那片黄土地上泥土的芳香。习近平说："我的人走了，但我把我的心留在了这里。从那个时候我就说，今后如果有机会我要从政，我要做一些为老百姓办好事的工作。"在梁家河村插队工作的习近平，为乡亲们办了不少好事、实事，大家一致推选他担任大队支书，从此习近平带领全村群众艰苦奋斗，让梁家河的面貌焕然一新。

习近平总书记多次带领干部参加劳动，数十年来始终保持着劳动本色，扎根人民同劳动，情系人民心连心。党的十八大以来，习近平总书记多次点赞劳动和劳动者。他强调："劳动是财富的源泉，也是幸福的源泉。人世间的美好梦想，只有通过诚实劳动才能实现；发展中的各种难题，只有通过诚实劳动才能破解；生命里的一切辉煌，只有通过诚实劳动才能铸就。"

"民生在勤，勤则不匮"。党的十八大以来，习近平总书记在多个场合都表达过尊重劳动、尊重人才的理念。他强调要在全社会大力弘扬劳模精神、劳动精神，大力宣传劳动模范和其他典型的先进事迹，引导广大人民群众树立辛勤劳动、诚实劳动、创造性劳动的理念。

思考： 习近平总书记在劳动实践中体现了怎样的劳动价值观？

1. 大力倡导辛勤劳动

"辛勤劳动"是苦干。人生在勤，勤则不匮。幸福不会从天而降，美好生活靠劳动创造。习近平指出："实现中国梦，最终要靠全体人民辛勤劳动，天上不会掉馅饼！"一段时间以来，一些人忽视了劳动对推动人类历史发展的决定性意义，以为在市场经济和信息时代，劳动不再那么重要了，于是不重视劳动、不尊重劳动者。这些错误认识严重脱离我国经济社会发展的实际。我国是一个发展中的大国，而且是一个人口大国、劳动力大国。解决中国一切问题的关键是发展，而发展最根本的是要靠劳动。要破除妨碍劳动力、人才社会性流动的体制机制弊端，使人人都有通过辛勤劳动实现自身发展的机会。

2. 大力倡导诚实劳动

"诚实劳动"是实干。中国发展的伟大成就是中国人民用自己的双手创造的，是一代又一代中国人接力奋斗创造的。要努力营造鼓励脚踏实地、勤劳创业、实业致富的社会氛围，组织动员广大劳动群众立足本职岗位诚实劳动，用劳动成就伟业。无论从事什么劳动，都要干一行、爱一行、钻一行。正如习近平指出的，"人世间的美好梦想，只有通过诚实劳动才能实现；发展中的各种难题，只有通过诚实劳动才能破解；生命里的一切辉煌，只有通过诚实劳动才能铸就。"

3. 大力倡导创造性劳动

"创造性劳动"是巧干。它是通过人的脑力劳动萌发出技术、知识、思维的革新，从而高效提升劳动效率、产生出超值社会财富或成果的劳动。习近平指出："当代工人不仅要有力量，还要有智慧、有技术，能发明、会创新，以实际行动奏响时代主旋律。"必须举全社会之力，深入推进产业工人队伍建设改革，健全技能人才培养、评价、使用、激励、保障等制度，激励广大劳动者走技能成才、技能报国之路，培养造就一大批知识型、技能型、创新型人才，为实现我国高质量发展提供智力支持和人才保证。

（三）新时代劳动正义观

1. 尊重劳动和劳动者，公平对待劳动

尊重劳动首先要尊重在一切劳动形式下从事劳动的主体——劳动者。习近平指出："任何时候任何人都不能看不起普通劳动者，都不能贪图不劳而获的生活。在我们社会主义国家，一切劳动，无论是体力劳动还是脑力劳动，都值得尊重和鼓励；一切创造，无论是个人创造还是集体创造，也都值得尊重和鼓励。""劳动没有高低贵贱之分，任何一份职业都很光荣。"曾几何时，社会上出现了不重视劳动、不尊重劳动者的现象，不少人不愿意从事具体劳动，期望不通过踏实劳动而一夜暴富，这不利于重视劳动、尊重劳动者、鼓励劳动创造风气的保持，不利于劳动者正确思想道德观念的形成和树立，甚至给社会和谐稳定埋下隐患。对此，我们要保持足够的警惕和清醒。

2. 坚持分配正义，共享劳动成果

公平正义不仅是一种价值观念和伦理要求，也是一种现实的需要。经济与社会的发展既要依靠人民群众，也是为了人民群众，这是中国特色社会主义的一条铁的法则。2020年5月11日，中共中央、国务院《关于新时代加快完善社会主义市场经济体制的意见》明确提出，坚持多劳多得，着重保护劳动所得，增加劳动者特别是一线劳动者劳动报酬，提高劳动报酬在初次分配中的比重，在经济增长的同时实现居民收入同步增长，在劳动生产率提高的同时实现劳动报酬同步提高。健全劳动、资本、土地、知识、技术、管理、数据等生产要素由市场评价贡献、按贡献决定报酬的机制。经济发展的根本目的在于让劳动者共享改革发展成果，促进社会公平正义。

3. 构建和谐劳动关系，实现体面劳动

劳动关系是生产关系的重要组成部分，是最基本、最重要的社会关系之一，其协调稳定影响并决定着一个社会和谐。劳动创造了人类社会，在劳动基础上产生了各种各样的社会关系，劳动构成了人自身发展、人类社会进步的原动力。习近平指出："要维护和发展劳动者的利益，保障劳动者的权利。要坚持社会公平正义，排除阻碍劳动者参与发展、分享发展成果的障碍，努力让劳动者实现体面劳动、全面发展。"党的十九届四中全会通过的《中共

中央关于坚持和完善中国特色社会主义制度、推进国家治理体系和治理能力现代化若干重大问题的决定》强调:"健全劳动关系协调机制,构建和谐劳动关系,促进广大劳动者实现体面劳动、全面发展。"

(四)劳动幸福观

幸福劳动是通往美好生活的起点和归宿,幸福劳动不同于体面劳动,它高于体面劳动,应该是"体面劳动+全面发展",既是通往美好生活的起点,也是追求美好生活的归宿。对此,习近平有过许多精彩的阐述:"人民对美好生活的向往,就是我们的奋斗目标""幸福不会从天而降,梦想不会自动成真""造福广大劳动者""促进广大劳动者体面劳动、舒心工作、全面发展",等等。习近平把劳动与成功、幸福联系起来,进一步丰富了马克思主义劳动范畴。人得以自由全面发展,能够更有尊严、更加智慧、更加优雅、更加幸福地生活,全面打造一个属于劳动者的时代,真正实现国家富强、民族振兴、人民幸福。

阅读下面的文章,回答问题。

谁造就了"啃老族"

83岁的刘姥爷每天坚持到庄稼地或菜地里进行一些力所能及的劳作。晚辈们担心他摔了碰了,不让他去,他还不乐意,并且有自己的道理:"不劳动,人就废了。越劳动,越精神。"大家拗不过,也只得由着他。

刘姥爷亲戚的儿子陈某,22岁,没能考上大学,也不去外面工作,每天不是把自己关在房间里玩手机,就是在厕所里喂养一条小狗。亲戚说,这孩子管不了,死活不出去做事,家务更不愿意做,还嫌母亲的饭做得难吃,不吃,饿了就点外卖。如果他主动找父母搭话,那目的主要就是要钱。

分析:刘姥爷和陈某形成了鲜明的对照。刘姥爷完美地诠释了什么是勤劳朴实的中国传统美德,陈某则典型地反映了"啃老族"这个群体的生活面貌。当前"啃老"已经渐成一种社会现象,"啃老族"的种种行为也让社会尴尬。据中国老龄科研中心统计,目前有30%的年轻人靠"啃老"过活,65%以上的家庭存在"啃老"问题。本该是创业、奋发、拼搏的一代,却变成享乐、处优、"啃老"的一代。惨痛的教训,值得人们痛定思痛进行深刻的反思。宠溺型家庭是培养"啃老族"的温床。"啃老族"的出现与劳动教育,尤其是家庭劳动教育的缺位有关,劳动教育的缺位让孩子缺乏生存技能。家庭教育的底线应该是向"啃老族"说"不"。

在对"啃老族"予以谴责的同时，我们有必要冷静思考一下：是谁造就了"啃老族"？"啃老族"是教育缺憾的"报应"，实乃教育之痛。新时代加强马克思主义劳动观教育非常迫切。

2018年，习近平总书记在全国教育大会上明确提出："要努力构建德智体美劳全面培养的教育体系。"中共中央、国务院印发了《关于全面加强新时代大中小学劳动教育的意见》，对新时代劳动教育作出顶层设计和全面部署，明确了新时代劳动教育的总体目标，那就是"通过劳动教育，使学生能够理解和形成马克思主义劳动观，牢固树立劳动最光荣、劳动最崇高、劳动最伟大、劳动最美丽的观念；体会劳动创造美好生活，体认劳动不分贵贱，热爱劳动，尊重普通劳动者，培养勤俭、奋斗、创新、奉献的劳动精神；具备满足生存发展需要的基本劳动能力，形成良好劳动习惯"。

思考：

1. 马克思主义劳动观教育的缺失与"啃老族"的形成有哪些关联？
2. 如何培养正确的劳动观？

1.3 中国劳动教育的前世今生

学习目标

1. 了解劳动教育的概念。
2. 了解我国劳动教育的发展历程。
3. 理解劳动教育的意义。

导　入

匠心——奏响新时代劳动者之歌

王要飞，中国石油管道局工程有限公司第三工程分公司电焊培训教师，32岁的他已经是中国石油管道局里的"焊接大拿"了。他以优异的成绩获得了第六届全国职工职业技能大赛焊工决赛个人第一名，被称为焊接"神枪手"。

劳动教育

2004年，17岁的王要飞初中毕业，由于成绩不太好，他没能考上高中继续学习。当木匠的父亲让他去学电焊，家里东拼西凑，才凑齐学费。就这样，王要飞背着行囊，怀揣着2 000元钱，以及家人的期待，来到开封市高级技工学校，开始学习电焊。

2005年，18岁的王要飞因成绩优异被招聘到中国石油管道三公司第五管道工程处，正式成为一名电焊工。从学校到公司，对沉默寡言的王要飞来说，又是一个挑战，老师教的点焊，到这里才发现只能算是皮毛。经过3个月的严格培训后，王要飞跟随第五管道工程处参与了邳连支线管道施工。这对于首次上线的王要飞来说意义非凡，他对管道焊接有了深入的认识。

2007年，王要飞参加了"印度东气西输"管道工程，对于刚开始接触下向焊工作的他，一切又都是从零开始。根焊要求单面焊接双面成形，并要一次成形，这如同"神枪手"一样，只能多练习。王要飞每天都谦虚地向老焊工技师学习，不断提高自己的技能。在印度工作期间，王要飞每天要在四五十摄氏度的高温下工作，一天干下来，全身没有一处是干的。上千摄氏度的焊花，让他每完成一道焊口，都感觉头昏脑涨，喘不上来气。

平时，王要飞总是利用工休和基地休假时间，加班锤炼技术难点，很快他的焊接水平直线上升，从潜力选手蜕变成技术能手，全线焊接保持98.9%的高合格率。凭借过硬的焊接技术，王要飞被单位推荐到各种技能比武大赛。在众多技能比武大赛中，他一方面沉着发挥，另一方面向竞争对手请教学习，弥补不足。从2009年至今，王要飞先后参加过10余次公司及全国各级别的技能大赛，靠着精湛的技艺和优秀的表现，王要飞屡获殊荣。

2017年6月份，王要飞被管道局聘为教练员，指导同年9月份中石油集团公司电焊工职业技能竞赛的参赛选手。在两个多月的集中培训中，他悉心指导参赛学员技术要领，传授操作经验，为学员试件做详细的技术分析，帮助学员解决技术难题。比赛中，管道局选派的20名参赛选手取得了电焊工职业技能竞赛历史最好成绩。回到公司后，王要飞被聘为电焊实操指导教师，奔波于施工一线，指导电焊操作，传授经验技能。

他认为，"起点低不怕，只要嘴勤点、手勤点，比别人多付出点，我相信自己肯定能成长得更快。我相信幸福是奋斗出来的！"

分析： 2018年9月10日，习近平总书记在全国教育大会上特别强调了劳动教育的重要性，强调要在学生中弘扬劳动精神，教育引导学生崇尚劳动、尊重劳动，懂得劳动最光荣、劳动最崇高、劳动最伟大、劳动最美丽的道理，长大后能够辛勤劳动、诚实劳动、创造性劳动，强调构建德智体美劳全面培养的教育体系，形成更高水平的人才培养体系，使我国社会主义教育的培养目标更为完整。

今天，我国涌现出了一大批像王要飞这样的劳动模范，他们立足本职、埋头苦干，为实现中华民族伟大复兴的中国梦奔跑着、奋斗着，用劳动创造幸福！

思考： 王要飞的成功给了你哪些启示？你是如何理解新时代的劳动精神的？

劳动教育是使学生树立正确的劳动观点和劳动态度，热爱劳动和劳动人民，养成劳动习惯的教育，是人德智体美劳全面发展的主要内容之一。

当代学者陈勇军认为，"劳动教育的本质涵义是指通过参加劳动实践活动所进行的一种有目的、有计划、有组织的培养受教育者多种素质的教育活动，是融德育、智育、体育、美育为一体的全面提高学生素质的综合性教育。"

一、我国劳动教育的发展历程

新中国成立后，中国共产党对马克思主义的教劳结合思想做了创造性实践和发展，并把这一原理作为党的教育方针。毛泽东同志多次就教育与生产劳动相结合问题提出指导性意见，并在一次讲话中明确指出："教育必须为无产阶级政治服务，必须同生产劳动相结合，劳动人民要知识化，知识分子要劳动化"。1949—1956年的新民主主义建设时期，国家将这一时期的教育方针定义为"为工农服务，为生产建设服务"，通过教育支援工农生产，通过教育推动国家建设。1954年开始，中共中央开始积极引导中学毕业生从事劳动生产，在思想上和政治上向党中央靠拢，推动劳动教育的文化熏陶，培养合格的社会主义建设者。

想一想： 你是如何理解新民主主义建设时期的劳动精神的？你如何看待"生命里的一切辉煌，只有通过诚实劳动才能铸就。"这句话？

1958年1月，毛泽东在《工作方法六十条（草案）》中，又对各级各类学校有关工农业生产劳动活动的安排做了明确的规定。在"开门办学"思想指导下，学生全部参加五七干校和到农村插队，进行劳动锻炼和思想改造。劳动教育在我国的教育方针中有了一席之地。

改革开放揭开了时代新篇章，劳动教育改革也提上了日程。1981年，《关于建国以来党的若干历史问题的决议》提出了要"坚持德智体全面发展、又红又专、知识分子与工人农民相结合、脑力劳动与体力劳动相结合的教育方针"。

1986年又提出了把德、智、体、美、劳五育全面发展的教育思想。1993年中央发布的《教育改革和发展规划纲要》中指出："坚持教育与生产劳动、社会实践相结合……鼓励学生积极参与志愿服务和公益事业。"

1999年，中央发布的《深化教育改革全面推进素质教育的决定》中强调要加强"劳动技术教育和社会实践"，使学生接触自然、了解社会，培养热爱劳动的习惯和艰苦奋斗的精神，强调使诸方面教育相互渗透、协调发展，促进学生的全面发展和健康成长，"教育与生产劳动、社会实践相结合"成为新时期的教育方针。在21世纪新一轮课改中，义务教育阶段的劳动技术教育不再作为单独的课程开设，而归并到综合实践中，对劳动教育做了宽泛的理解。

2001年，《国务院关于基础教育改革与发展的决定》（以下简称《决定》）发布，赋予了劳动教育愈加丰富的内涵与要求，推动了劳动教育迈入整合发展的时代。

2010年，《国家中长期教育改革和发展规划纲要（2010—2020年）》进一步强调了坚持教育教学与生产劳动、社会实践相结合，加强劳动教育，培养学生热爱劳动人民的情感，对教育与生产劳动相结合的方针进行了更加深化的阐述，并融入了新时期教育改革的思想。

2018年9月10日，针对当前一些青少年中出现的"不爱劳动、不会劳动、不珍惜劳动成果"的现象，习近平总书记在全国教育大会上特别强调了劳动教育的重要性，把"劳"与"德智体美"相并列，明确将育人目标从"德智体美"拓展为"德智体美劳"。习近平总书记在全国教育大会上提出："要在学生中弘扬劳动精神，教育引导学生崇尚劳动、尊重劳动，懂得劳动最光荣、劳动最崇高、劳动最伟大、劳动最美丽的道理，长大后能够辛勤劳动、诚实劳动、创造性劳动。"教育要与生产劳动相结合不仅是马克思主义的基本观点，也是我国教育的基本方针。

2019年，政府教育工作要点明确指出，要大力加强劳动教育，全面构建实施劳动教育的政策保障体系，修订教育法将"劳"纳入教育方针。新时代下的劳动教育，旨在树立学生正确的劳动观念和劳动态度，养成学生勤于劳动、善于劳动的习惯和本领，让学生意识到劳动是实现个人全面发展的基础。

2020年3月20日，中共中央、国务院印发了《关于全面加强新时代大中小学劳动教育的意见》（以下简称《意见》）。《意见》中特别提出了健全劳动素养评价制度，强调将劳动素养纳入学生综合素质评价体系，制定评价标准，建立激励机制，组织开展劳动技能和劳动成果展示、劳动竞赛等活动，全面客观记录课内外劳动过程和结果，加强实际劳动技能和价值体认情况的考核，把劳动素养评价结果作为衡量学生全面发展情况的重要内容，作为评优评先的重要参考和毕业依据，作为高一级学校录取的重要参考或依据。这一重大举措对于系统培育学生生活劳动、生产劳动、服务性劳动的技能，提升人们的职业素养，提振全社会的职业水平、营造全社会良好的职业生态具有重大、深远的意义。

二、劳动教育的意义

1. 劳动教育是遵循马克思主义教育思想的必然要求

马克思在《1844年经济学哲学手稿》中指出："正是在改造对象世界中，人才能真正地证明自己是类存在物。"他强调："对社会主义的人来说，整个所谓世界历史不外是人通过人的劳动而诞生的过程。"因此，人民创造历史，劳动开创未来，劳动是推动人类社会进步的根本力量，是人民美好生活的源泉。构建德智体美劳全面培养的教育体系，加强劳动教育，是回归人之本质、回归学生自身的主体性教育方式，能够帮助学生在自主实践中发现自我，通过双手改变和创造自己的生活。

2. 劳动教育是立德树人的重要途径

立德树人既是教育的根本任务，也是检验教育成效的根本标准。立德树人的目的在于培养"德、智、体、美、劳"全面发展、合格的社会主义建设者和可靠的接班人，劳动教育则是实现立德树人目标的一个重要过程。

3. 劳动教育是劳动价值观形成的现实需要

无论是国家富强，还是民族复兴，抑或是人民幸福，离开了劳动，都将是无源之水、无本之木。劳动教育是劳动和教育的有效结合，一方面发挥劳动的实践效用，通过利用和总结实践经验实现理论和实践相结合、知行合一，人们得以在实践中学习、在学习中实践；另一方面发挥教育的效用，增进学生对于劳动生产知识和技术的认识与理解，提高学生的劳动实践能力及分析和解决问题的水平。在现实生活中，由于社会物质生活的丰富和传统的家庭教育的方法有失偏颇，学生应该做的事情都由家长包办了，部分青少年连起码的洗衣、扫地、整理物品、料理个人的日常生活小事都做不来，不会做。因此，劳动教育与德育、智育、体育、美育密不可分，有助于完善教育工作，培养"德、智、体、美、劳"全面发展的人才。

劳动教育具有以劳树德、以劳增智、以劳强体、以劳育美的价值引领作用。它不仅能够培养热爱劳动、依靠自我劳动的道德品质和人格品质，还能增进智慧、增强体质、磨砺意志、促进身心健康，更能丰富对人生的理解感悟、增强对自我发展和成功体验的审美意义。所有这些，构成了新时代劳动观的完整理论图谱，对于解决中国当下的社会现实问题，具有重要的理论指导意义。

三、新时代劳动教育观

1. 教育必须和劳动相结合

劳动造就"全面发展的人"。习近平突出强调了劳动教育在社会主义建设者和接班人培养中的基础性作用。2013年5月29日，他在同全国各族少年儿童代表共庆"六一"国际儿童节时指出，生活靠劳动创造，人生也靠劳动创造，少年儿童从小就要树立劳动光荣的观念，通过劳动播种希望、收获果实，也通过劳动磨练意志、锻炼自己。2020年3月20日，中央出台了《关于全面加强新时代大中小学劳动教育的意见》，强调要把劳动教育与德育、智育、体育、美育相融合，积极探索具有中国特色的劳动教育模式，明确指出劳动教育的总体目标是"通过劳动教育，使学生能够理解和形成马克思主义劳动观，牢固树立劳动最光荣、劳动最崇高、劳动最伟大、劳动最美丽的观念"。

2. 构建"德智体美劳"全面培养的教育体系

习近平总书记明确提出，要以凝聚人心、完善人格、开发人力、培育人才、造福人民为工作目标，努力构建德智体美劳全面培养的教育体系，形成更高水平的人才培养体系，并强调要在学生中弘扬劳动精神，教育引导学生崇尚劳动、尊重劳动，将劳动教育纳入新时代"培养什么人"这一"教育首要问题"的总体要求之中，把劳动教育的地位和意义提到了前所未有的高度。

拓展训练

查询资料，绘制我国劳动教育发展的路径图；调研不同年龄段的社会群体，对比不同时期和学习阶段的劳动教育课程的教学情形，思考学校为什么要进行劳动教育。

模块2 劳动制度与劳动法规

随着《劳动合同法》《就业促进法》《社会保险法》等相继实施,我国逐渐形成了以《宪法》为依据、《劳动法》为基础、《就业促进法》《劳动合同法》《社会保险法》《劳动争议调解仲裁法》为主干、相关法律法规为配套的劳动保障法律体系,对保护劳动者的合法权益,构建和发展和谐稳定的劳动关系提供了保障。希望青少年学生能够熟悉相关的劳动法律、法规,并能运用法律专业知识解决劳动关系中的实际问题,切实维护自身的权益,做一个知法、守法、懂法的好公民,也为自己以后进一步走向社会打下坚实基础,更加从容地迎接未来正式的职场劳动。

2.1 劳动基本制度

学习目标

1. 了解劳动就业制度和劳动保障制度的内容。
2. 理解劳动就业制度和劳动保障制度用于维护劳动者合法权益的意义。
3. 能够对劳动基本制度有全面认识,为未来独立处理一些职场问题奠定良好基础。

> **导入**

申纪兰，曾任山西省平顺县西沟村党总支副书记，第一届至第十三届全国人大代表。她积极维护新中国妇女劳动权利，倡导并推动"男女同工同酬"写入宪法。改革开放以来，她勇于改革，大胆创新，为发展农业和农村集体经济，推动老区经济建设和老区人民脱贫攻坚做出巨大贡献，荣获"全国劳动模范""全国优秀共产党员""全国脱贫攻坚'奋进奖'""改革先锋"等称号。

她是一位普通的农家妇女，也是唯一连任13届的全国人大代表。几十年来，她初心不变，奋斗不止，为当地脱贫和建设做出巨大贡献。用她自己的话说，"按照党的要求干，就没有什么干不成的事。"1951年西沟村成立初级农业合作社时，她成了副社长。这对奉行"好男走到县，好女不出院"古训的山里人来说，已让人刮目相看。但在她心里，有一个坎始终过不去：为啥妇女的劳动报酬要少一半？申纪兰介绍说，按照当时的分工计酬方式，如果男人干一天活记10个工分，那么妇女只能记5个，不平等的报酬又挫伤着妇女的劳动积极性。村里本来是男女共同协作劳动的，经申纪兰申请，社里专门给女社员划出一块地，和男社员进行劳动竞赛。被发动起来的妇女为了争取自己的权益，始终在田间争分夺秒。最后，女社员赢得了竞赛。

在申纪兰和西沟妇女们的不懈努力下，太行山深处的这个小山村，在全国率先实现了男女同工同酬。1954年，申纪兰当选为全国第一届人大代表，在第一届全国人民代表大会上，"男女同工同酬"被正式写入宪法。

思考：中华人民共和国成立以后，劳动制度方面有哪些发展？

一、劳动制度

劳动制度属于社会制度的一种，是人类在一定社会生活中为满足劳动关系发展的需要而建立的有系统、有组织并为社会所公认的劳动行为规范体系。劳动制度有正式的与非正式的区分，正式的劳动制度是支配劳动关系的互为关联的规则，包括广义的劳动制度和狭义的劳动制度。非正式的劳动制度主要是指依靠非正式监控机制而体现的规则。

1. 广义的劳动制度

广义的劳动制度主要是指国家或有关权力机构制定的、约束人们劳动行为及其劳动关系的法律、法令或其他相应的形式，表现为与人们参加社会劳动、建立劳动关系直接有关的一系列办事程序、规章和规定，这一层次的制度也就是政府的行政性制度，主要是劳动就业、劳动工资、劳动保障等制度。

2. 狭义的劳动制度

狭义的劳动制度是指与劳动就业直接有关的办事程序、规章和规定的统称，包括劳动者的招收、录用、培训、调动、考核、奖惩、辞退、工资、劳动保险、劳动保护等制度。这一层次的制度通常表现为工作组织内的劳动制度。

3. 劳动制度的特征

劳动制度具有以下4个特点。

（1）普遍性。劳动制度的普遍性是由劳动的普遍性决定的，因为生产劳动是人类社会生存和发展的基础与动力，任何社会、任何时代都离不开劳动。

（2）组织强制性。劳动制度是一种组织化的社会规范，它作为制约劳动关系和劳动者行为的一种规范体系，对劳动者具有强制作用。例如，正式的劳动制度往往是由国家或有关权力机构制定的，以确定的规则或法令等形式表现出来的劳动规范体系，劳动制度对从事劳动的所有社会成员都具有强制作用。

（3）相对稳定性。劳动制度一旦形成，就具有相对的稳定性，没有巨大的社会变革的冲击，一般不会轻易发生改变。但是劳动制度的稳定性只是相对的，随着社会和时代的变迁，劳动的形式、条件、内容及彼此合作的方式都会发生变化，因而劳动制度也要做相应的变更。

（4）系统性。劳动制度的运行必须有相应的制度配合，形成一套行之有效的制度体系，才能对人们的劳动关系与劳动行为进行有效的规范与约束。

二、就业制度

就业既是重大的经济问题，也是重要的社会和政治问题。扩大就业，减少失业，是经济社会发展的基本目标。对就业概念的理解可以从理论和实际两个角度来把握。从理论上讲，就业是指具有劳动能力的人，运用生产资料从事合法社会活动，并获得相应的劳动报酬或经营收入的经济活动。具体而言，就业是指在法定年龄内，具有劳动能力的人在一定的工作岗位上从事有报酬或有经营收入的合法劳动。

根据这一定义，一个人如果同时满足以下3个基本条件，就可以被认为实现了就业：一是在法定劳动年龄内，并且具有劳动能力；二是以提供满足社会需要的商品或服务为目的，从事某种合法的经济活动；三是从事这种社会劳动可以获得相应的收入。而童工、不以获得收入或营利为目的的公益劳动、家务劳动等不属于就业范畴。

就业制度有广义与狭义之分。广义的就业制度是指直接或间接规范劳动者就业行为的制度总称,包括雇佣解雇制度、用工制度、就业培训制度、就业服务制度、辞职退休制度和劳动计划管理制度等;狭义的就业制度仅指雇佣解雇制度及用工制度。

1. 就业的意义

(1)就业是人们获得收入得以谋生的基本手段。当前,虽然各种生产要素的报酬,如股息、利息、租金等,都是居民收入的合法来源,但通过就业得到的劳动报酬仍是人们收入的最主要部分。

(2)就业是个人融入社会、使自身得以全面发展的主要途径。作为具有社会属性的人,一般不仅需要靠就业谋生,还需要靠就业参与社会生活,赢得他人的尊重,满足自己更高层次的需求。

(3)就业是经济发展和社会进步的重要前提。通过就业的方式,实现生产资料和劳动者的结合,形成现实的生产力,推动经济发展。扶持困难群体实现就业,是消除贫困的根本途径。大力促进社会充分就业,也是促进社会公平、维护社会稳定的重要手段。

2. 我国的就业服务

就业服务兴起于20世纪初期,主要是为了改善失业者的生存状况和维护社会稳定。随着西方国家的经济增长和就业需求的扩大,就业服务发展迅速,逐渐成为国家就业政策最直接的体现者和执行者。概括地说,就业服务是具有普遍意义的干预劳动力市场并能有效调节和改善供求的直接手段,是就业制度和就业政策的重要组成部分。

就业服务可以分为公共就业服务和私营就业服务,其主要职能在于通过劳动力市场信息、职业介绍、职业指导和相应的职业培训等手段的运用,帮助用人单位用人和劳动者就业。

我国的就业服务在不同的时期有不同的内容和措施,主要有以下几点。

(1)设立专门机构管理就业服务工作。20世纪50年代初期,从中央到各大行政区、省和大城市的人民政府成立了劳动就业委员会,根据政务院公布的《关于劳动就业问题的决定》,指导各地劳动部门和其他有关部门办理失业人员登记、救济、就业培训、介绍就业等事务,统一调配社会劳动力。

1953年8月以后，劳动就业委员会撤销，由政府劳动部门负责就业服务的管理，工作逐步走向经常化、制度化。大中城市的劳动部门建立了劳动力介绍所，负责管理城市闲散劳动力和安置就业，包括进行就业前的政治思想教育和技术训练。

（2）开展多种形式的职业培训，逐步推行先培训后就业的制度。在全国建立了一大批技工学校，改革了学徒培训制度，开办了大量的短期训练班、职业中学、职业学校和各种职业教育培训中心。

（3）对于高等院校、中等专业学校毕业生和军队转业干部分别由教育、人事等部门实行统一分配。待业青年在国家统筹规划和指导下，实行劳动部门安排就业、自愿组织起来就业和自谋职业相结合的办法。

（4）创建劳动服务公司，统筹调节城镇劳动力。进入20世纪80年代以后，全国各地劳动部门适应劳动制度改革的需要，普遍地创建劳动服务公司，统筹调节城镇社会劳动力。这种管理社会劳动力的组织，兼有行政和经济两方面的职能，任务是掌握社会各方面对劳动力的需求情况，对待业人员进行调查、登记、统计、组织培训，介绍和安排就业；兴办集体经济事业，直接组织一部分待业人员就业。全民所有制企业、事业、机关单位及街道和群众团体等也相继办起劳动服务公司，安排和指导就业。政府劳动部门或劳动服务公司还通过举办劳动力交流大会、开办专业职业介绍所等多种形式，给人们创造更多的就业机会和途径。我国就业服务的各种形式，对有效地实现城镇的充分就业具有促进作用。

三、劳动保障制度

劳动保障制度是劳动制度的一个重要组成部分，它是国家根据有关法律规定，通过国民收入分配和再分配的形式，对劳动者因年老、疾病、伤残和失业等而出现困难时向其提供物质帮助以保障其基本生活的一系列制度。劳动保障制度的主要功能是保证劳动者的职业安全，从而保证劳动者及其家庭生活稳定，社会安定，保证整个社会经济发展和社会进步。劳动保障制度所涉及的内容非常广泛，职工的生育保障、疾病保障、失业保障、伤残保障、退休保障、死亡保障等都是劳动保障制度的内容。其中，失业保障制度和退休保障制度是劳动保障制度中两项最主要的制度。

1. 失业保障制度

失业是现代经济运行过程中不可避免的一种社会现象，它给每个失业者及其家庭带来灾难，也给社会经济的发展抹上了一层阴影，因而各国都十分重视对失业者进行保障。失业社会保障就是当劳动者一旦失去工作之后仍能获得基本的物质帮助的一种制度。失业保障制度的建立有助于劳动者维持基本生活，从而保护劳动力资源的生产和再生产；同时，它也可以起到缩小收入差距，保证和维护社会安定的作用。

当前我国现行失业保障制度的基本内容如下。

（1）享受失业保障的条件。现行的失业保障制度基本覆盖了城镇所有企事业单位及其职工，包括国有企业、城镇集体企业、外商投资企业、城镇私营企业和城镇其他企业及其职工，事业单位及其职工。

（2）失业保障金的筹集。在费用筹集方面，实行国家、用人单位、职工本人三方负担的筹集原则。用人单位、职工按照国家社会保障制度要求缴纳失业保险费。在失业保险基金入不敷出时，财政将给予必要的补贴。

（3）失业保障基金的开支项目。开支项目主要包括失业救济金、失业职工的医疗费、失业职工的丧葬补助费、失业职工直系亲属的抚恤费和救济费、失业职工的转业训练费、失业职工的生产自救费和失业保险管理费等方面。

（4）失业保障金的给付标准。失业保障金的标准一般应高于当地城市居民最低生活保障标准，低于当地的最低工资标准。

案例分析

蒋某30年前毕业于当地一所专科学校，由于是委托培养，所以毕业后她顺利进入了当地的化工企业。在企业工作期间她任劳任怨，兢兢业业，一直受到同事和领导的好评，还多次被评为优秀员工。如今企业效益不好，再加上自己身体出了一些问题导致她心情不好，所以她决定和所在单位解除劳动关系。但她想不明白的是，自己已经47岁了，工作肯定不好找，况且马上就要达到退休年龄了，如果现在解除了，那原来在企业工作了几十年的时间，该缴纳的社会保险都缴了，如今却成了失业人员。如果要靠领失业金过日子，那以前的社会保险费不就白缴了吗？

分析： 我国的失业保险是国家通过立法强制实行的，由社会集中建立基金，对因失业而暂时中断生活来源的劳动者提供物质帮助的制度，它是社会保障体系的重要组成部分，是社会保险的主要项目之一。所以蒋某的担心是多余的，因蒋某所在的单位和其个人都依法缴纳了养老保险费，不管她是失业人员还是在岗人员，她到退休年龄后都可以办理养老保险待遇手续。养老保险是劳动者在年老或者因为病残而丧失劳动能力的情况下，退出劳动岗位后获得帮助和补偿的一种社会保险。

2. 退休保障制度

退休保障制度既是劳动保障制度的重要组成部分，也是社会保障制度的基本内容。

我国统筹型退休保障制度的基本内容包含以下几个方面。

（1）退休保障的实施范围。企业职工退休的实施范围主要是国有企业事业单位、城镇集体企业、外商投资企业、城镇私营企业、其他城镇企业及其职工，实行企业化管理的事业单位及其职工。机关事业单位的工作人员都在保障实施范围之内。

（2）资金来源。企业工作人员的退休保障资金根据《关于企业职工养老保险制度改革的决定》规定，养老保险将实现由国家、企业、职工个人三方共同负担的办法。养老保险分为3个层次：第一个层次为基本养老保险，是由国家统一下达政策，强制实施，这一层次的保险可以保障退休职工的基本生活需要。基本养老保险基金由国家、企业、职工个人三方负担，企业按职工工资总额的一定比例缴纳基本养老保险费。第二个层次是企业补充养老保险，它是企业根据自身经济能力，为本企业职工所建立的一种追加式或辅助式养老保险，养老保险金从企业自有资金中的奖励、福利基金内提取，然后由国家社会保险管理机构按规定记入职工个人账户，所存款项及利息归个人所有。第三个层次为职工个人储蓄性养老保险，保险金由职工个人根据个人收入情况自愿参加。机关事业单位工作人员的退休保障资金主要由国家提供，资金来源较为可靠。

（3）退休金给付标准。企业职工的退休金标准与个人在职时缴费工资基数及缴费年限长短挂钩，缴费工资越高，缴费年限越长，个人账户积累越多，退休时基本养老金就越高。

活动：社会调查现行的退休制度

一、活动意义

通过活动，了解我国现行的退休制度，分析现行退休制度的优缺点，思考国家为何提出渐进式延迟退休制度。

二、活动时间

一周。

三、活动实施

1. 将学生分成小组开展调研。

2. 调研内容：国企和事业单位退休职工的退休政策和退休金发放情况；私营企业职工的退休政策和退休金发放情况；2000年以前退休人员与2015年以后退休人员的退休金差异；社会大众对渐进式延迟退休制度的看法。

3. 总结不同时间段和不同岗位下的职工退休政策；比较渐进式延迟退休制度和退休双轨制制度的优缺点。

4. 形成调研报告，每个小组派一名代表汇报。

5. 评选出汇报最佳的小组。

2.2 劳动法律法规

学习目标

1. 了解我国劳动法律体系的构成。
2. 理解劳动法律体系中的劳动基本制度内容。

导 入

休息休假

王明于2018年3月从某中职学校毕业，毕业后他来到广东佛山某服装厂工作，劳动合同期限到2019年3月截止。车间生产除规定定额以外，还会临时指派赶工。王明从3月份到6月份上班期间，只有4个休息日。因劳动强度过大，她身体吃不消，加上水土不服，得了慢性胃炎。她向服装厂办公室主任请病假，结果被告知劳动合同里没有约定休息休假的时间，单位现在又在加班加点赶制服装，因此不能批准休假。如果一定要休息休假，就是旷工行为，屡教不改的，就自动走人。王明虽然感觉非常疲劳，但是又怕丢了工作，只好坚持上班。2018年7月2日，王明在上班时间在车间晕倒，经医生诊断为劳累过度，缺乏营养，需要休息，建议王明休病假1周。王明拿着医生的诊断结论和休假意见找到厂办主任,得到的仍然是不予放假的答复。厂办主任的理由是:"大家的劳动合同都没有约定休息休假时间,如果都像你一样休假了,就没人工作了,不能开你这个先例。"王明不满厂办无情的做法,向专家咨询是否可以通过法律手段保护自己。

分析:该单位的做法是违法的。我国宪法和劳动法律规定了休息权是公民的基本权利,这就意味着任何单位、组织和个人都不得以任何理由剥夺个人休息的权利,这也是对劳动者劳动权利的基本保障。《劳动法》和《劳动合同法》都对劳动者的休息权利有具体的规定。其中,《劳动合同法》第17条第1款规定了休息休假是劳动合同的必备条款。《劳动法》第36条至第45条对工作时间和休息休假做了具体的规定。用人单位必须尊重劳动者的休息权,不得剥夺劳动者的休息时间,否则就要承担一定的法律责任。《劳动合同法》第81条规定,用人单位提供的劳动合同文本未载明本法规定的劳动合同必备条款或者用人单位未将劳动合同文本交付劳动者的,由劳动行政部门责令改正;给劳动者造成损害的,应当承担赔偿责任。因此,该服装厂与包括王明在内的多名工人在签订的劳动合同中未约定休息休假时间,是违法的。

思考:根据《劳动法》和《劳动合同法》的规定,作为劳动者,该如何保护自己的合法权益?

一、劳动法律体系的构成

劳动法律体系是指劳动法律规范按照一定的调整对象、规格和逻辑所组成的和谐统一、有机结合的现行法的系统。

根据我国的实际情况,劳动法可由四个层次构成,这四个层次的层层展开形成劳动法体系的"金字塔",见表2-1。

表2-1 劳动法四个层次

劳动法的体系构成	内涵	具体法律法规
第一层次	这一层次是指制定一个涉及面较广,又比较原则的"劳动法总纲";在形式上,是全国代表大会制定的劳动基本法律,在内容上是对有关劳动方面根本的、普遍的、重要的问题所作的原则性规定	目前,我国已由全国人大常委会制定了《中华人民共和国劳动法》。我国还有《企业法》,它们之间有一些基本的分工:企业法是以维护企业对生产资料的经营权为核心,劳动法则应以维护劳动者对本人劳动力的所有权为核心

续表

劳动法的体系构成	内　涵	具体法律法规
第二层次	这一层次在形式上主要是全国人民代表大会常委会制定的单行劳动法律，名称上可称为"法"；少数特别重要的法律，可由全国人民代表大会直接制定；一些涉及面较窄的内容也可由国务院制定为行政法规。在内容上主要是依据劳动法的基本原则，确立调整劳动关系及劳动行政关系某一方面的基本制度。第二层次的立法是将劳动法总纲的规定进一步专项化、制度化	（1）主体立法。它是对劳动法主体进行规定的法律，包括对用人单位、劳动者、工会及劳动行政机关的规定。我国制定了《中华人民共和国全民所有制工业企业法》《中华人民共和国城镇集体所有制企业条例》等一系列企业法，规定了企业的法律地位。 （2）合同立法。它是体现劳动关系双方当事人自主权和平等协商的法律制度，也是"劳动关系协调合同化"这一劳动法基本原则的具体体现，在法律内容上以存在着任意性规范为特征。作为第二层次的法规，应有两个综合性条例：①《劳动合同法》，对劳动合同的订立、履行、终止及变更、解除做出较全面的规定；②《集体合同法》，对集体协商、集体合同内容、集体合同变更、集体合同解除等做出全面的规定。 （3）基准立法。它是对用人单位劳动义务所做的最低标准的规定，也是"劳动条件基准化"这一劳动法基本原则的具体体现。在法律内容上以强制性规范为特征。例如，《工时休假法》对最长工时、带薪休假作出规定，并对延长工时进行限制；《工资法》对工资的确定和支付作出一系列基本规定；《安全生产法》《劳动保护法》对劳动安全卫生的基本要求作出一系列具体规定。 （4）保障立法。这里所说的保障立法仅指社会性的保障规定。它是以劳动关系建立前和终止后的关系为主要内容，也是"劳动者保障的社会化"原则的体现。这类立法主要包括两方面的内容：①《就业促进法》，当劳动关系尚未建立时，以促进就业、帮助劳动者建立劳动关系为目的，从而对就业服务机构、就业服务企业、就业基金、就业歧视的制止等作出一系列原则规定；②《社会保险法》，当劳动关系丧失或劳动力丧失、部分丧失时以保障劳动者的基本生活为目的，确立失业保险、养老保险、医疗保险、工伤保险、生育保险、疾病与伤残津贴，遗属津贴等基本制度。 （5）执法规定。应当体现"劳动执法规范化"的原则。作为程序法应与实体法相配合，主要表现在：与合同法相配套，制定了以劳动争议调解、仲裁为基本内容的《劳动争议处理法》；与基准法相配套，制定了《劳动监察法》

续表

劳动法的体系构成	内　涵	具体法律法规
第三层次	在形式上主要是国务院制定的劳动行政法规，在名称上主要用"条例""规定"，以和上一层次"法"的称谓区别；少数特别重要的内容也可由全国人民代表大会常委会制定为法律；一些有待进一步完善或涉及较具体的内容也可由国务院各部委制定为劳动行政规章，名称上主要用"办法""细则"以和"法""条例""规定"的称谓相区别。在内容上是对第二层次的法进一步具体化，并可依据劳动法律制度的具体原则，使各项内容专门化、制度化	（1）主体立法。①用人单位方面：主要是制定一系列劳动管理方面的规定。目前我国的用人单位仍保留着所有制的痕迹，作为一种过渡性的规定已经有一些规定，如《私营企业劳动管理暂行规定》《中华人民共和国中外合资经营企业劳动管理规定》等。②劳动者方面：主要是对一些特殊劳动力的资格加以确定，例如《禁止使用童工条例》《学位条例》《专业技术职务聘任条例》《高级技师评聘规定》《工人技术考核规定》《劳动能力鉴定规定》等。 （2）合同立法。①劳动合同方面：主要是将劳动合同订立、变更、终止、解除中的内容具体化。包括《招工规定》《保守商业秘密规定》《技术工种上岗培训办法》《服务期确定办法》《学徒管理规定》《企业裁员管理规定》《患病和非因工负伤医疗期规定》《履行和解除劳动合同的经济补偿办法》《内部劳动规则制定的规定》；②集体合同方面：《集体协商规定》《集体合同审查办法》。 （3）基准立法。①工时休假方面：《企业实行不定时工作和休息规定》《计件工作工时的管理办法》《综合计算工时的规定》《限制延长工时的规定》《年休假规定》；②工资方面：《最低工资条例》《履行社会义务的工资确定规定》《工资支付条例》；③劳动安全卫生方面：《企业职工伤亡事故报告处理条例》《特别重大事故调查程序条例》《职业病认定和处理规定》，还可按产业特点对劳动环境、劳动条件、安全培训等做出一系列具体规定；④女工和未成年工保护方面：《女职工保护条例》《未成年工保护条例》。 （4）保障立法。①促进就业方面，包括《劳动就业管理服务机构的规定》《职业介绍条例》《农村劳动力跨地区就业管理规定》《就业登记办法》《劳动就业企业规定》《就业基金规定》《就业和失业统计办法》《反就业和职业歧视规定》《职业技能开发条例》《职业技能鉴定条例》《残疾人就业条例》《促进中高龄劳动者就业办法》；②社会保险方面，包括《社会保险管理服务机构规定》《失业保险条例》《养老保险条例》《医疗保险条例》《工伤保险条例》等。 （5）执法规定。①劳动争议处理方面，如《劳动争议仲裁委员会组织规定》《劳动争议仲裁委员会办案规则》等；②劳动监察方面，如《劳动监察员管理办法》《劳动安全卫生监察条例》；③法律责任方面，如《违反劳动法的行政处罚条例》《违反劳动法的赔偿办法》

续表

劳动法的体系构成	内涵	具体法律法规
第四层次	主要是省、自治区、直辖市人民代表大会和它的常委会制定的地方性劳动法规及地方政府制定的地方性规章。根据各地方的实际情况，在不违背劳动法律、劳动行政法规的条件下，依照法定权限和程序制定的适用于本地方的各种法规	我国幅员辽阔，经济发展水平参差不齐，涉及具体待遇的规定，由各地规定较为适宜

最低工资标准

李桂芳是汕头一家私有电子配件厂的职工，2019年3月她开始在该厂工作。该厂刚刚开办，人手不够，经常要求工人加班赶活。李桂芳和工友们从3月份至6月份，每月只休息1天。但工厂只给她们每月1 500元的工资。扣除加班加点的工资报酬，每月的基本工资只有900元。而当地政府规定的最低工资标准是1 410元。电子配件厂老板告诉她们，每月工资1 500元，已经高于最低工资标准，不可能再给她们调高工资报酬。李桂芳不知道老板的做法合不合法，一时陷入了迷茫。

分析： 电子配件厂的做法是违法的，应支付高于最低工资标准的基本工资和加班工资。根据《劳动法》和《劳动合同法》的规定，劳动者为企业提供了正常劳动的，企业支付给劳动者的劳动报酬不得低于当地最低工资标准。最低工资标准包括奖金、津贴、补贴，但不包括加班加点工资、特殊劳动条件下的津贴、国家规定的社会保险和福利待遇。由此可见，用人单位支付的劳动报酬扣除加班工资以后，应该高于最低工资标准。李桂芳所在的电子配件厂每月支付给职工工资共1 500元，但由于职工在3月份至6月份经常加班，每月只有一天休息时间，这1 500元中包括了加班加点工资，扣除加班加点工资后，支付给职工的工资只有900元，低于当地最低工资标准1 410元。因此，电子配件厂的做法违反了法律规定。

思考：根据《劳动法》和《劳动合同法》的规定，劳动者可以向哪些部门主张自己的权利？

二、《中华人民共和国劳动法》

《中华人民共和国劳动法》（以下简称《劳动法》）于1995年1月1日起施行并分别于2009年和2018年进行了修正。它是为了保护劳动者的合法权益，调整劳动关系，建立和维护适应社会主义市场经济的劳动制度，促进经济发展和社会进步而制订的。

《劳动法》分为13章，具体包括总则、促进就业、劳动合同和集体合同、工作时间和休息休假、工资、劳动安全卫生、女职工和未成年工特殊保护、职业培训、社会保险和福利、劳动争议、监督检查、法律责任、附则。

促进就业	劳动合同和集体合同	工作时间和休息休假
工资	劳动安全卫生	女职工和未成年工特殊保护
职业培训	社会保险和福利	劳动争议
监督检查	法律责任	附则

劳动法的章节

三、《中华人民共和国劳动合同法》

《中华人民共和国劳动合同法》（以下简称《劳动合同法》）是为了完善劳动合同制度，明确劳动合同双方当事人的权利和义务，保护劳动者的合法权益，构建和发展和谐稳定的劳动关系而制定的法律，由第十届全国人民代表大会常务委员会第二十八次会议于2007年6月29日修订通过，自2008年1月1日起施行。《劳动合同法》适用范围为中华人民共和国境内的企业、个体经济组织、民办非企业以及国家机关、事业单位、社会团体等组织。

四、《中华人民共和国就业促进法》

《中华人民共和国就业促进法》（以下简称《就业促进法》）是自2008年1月1日开始施行的。这部法律将就业工作纳入法制化轨道，从法律层面形成了更有利于学生就业的社会环境。《就业促进法》共有九章六十九条，主要内容归纳为"116510"，即"一个方针，一面旗帜，六大责任，五项制度，十大政策"。

1. 一个方针

一个方针，即坚持"劳动者自主择业，市场调节就业，政府促进就业"的方针。

2. 一面旗帜

一面旗帜，即高举"公平就业"旗帜，创造公平就业的环境。

《就业促进法》第三条明确规定：劳动者就业，不因民族、种族、性别、宗教信仰不同而受歧视；同时专设"公平就业"一章（第三章第二十五条至第三十一条）明确规定：残疾人、传染病携带者和进城就业的农村劳动者等群体享有与其他劳动者平等的劳动权利。

3. 六大责任

六大责任，即法律对政府在促进就业中承担重要职责作出了明确规定，主要包括六个方面。

（1）发展经济和调整产业结构，增加就业岗位。《就业促进法》第四条：县级以上人民政府把扩大就业作为经济和社会发展的重要目标，纳入国民经济和社会发展规划，并制定促进就业的中长期规划和年度工作计划。第十一条：县级以上人民政府应当把扩大就业作为重要职责，统筹协调产业政策与就业政策。

（2）制定并实施积极的就业政策。《就业促进法》专设"政策支持"一章，将目前实施的积极就业政策中行之有效的核心措施通过法律形式确定下来，形成长期有效的机制。

（3）规范人力资源市场。《就业促进法》第三十二条规定：县级以上人民政府培育和完善统一开放、竞争有序的人力资源市场，为劳动者就业提供服务。第三十八条规定：县级以上人民政府和有关部门加强对职业中介机构的管理，鼓励其提高服务质量，发挥其在促进就业中的作用。

（4）完善就业服务。《就业促进法》专设"就业服务和管理"一章，对完善就业服务，特别是加强公共就业服务作了明确规定。

（5）加强职业教育和培训。《就业促进法》专设"职业教育和培训"一章，进一步明确职业培训作为促进就业的重要支柱和根本措施，应成为各级政府促进就业工作的着力点。

（6）提供就业援助。《就业促进法》专设"就业援助"一章，明确规定各级政府应采取各种有效措施，对就业困难人员实行优先扶持和重点帮助。

4. 五项制度

五项制度，即以法律形式将就业工作制度化，主要包括五个方面：①加强对就业工作组织领导的政府责任制度；②加强对劳动者工作的公共就业服务和就业援助制度；③加强对市场行为规范的人力资源市场管理制度；④加强对人力资源素质提升的职业能力开发制度；⑤加强对失业治理的失业保险和预防制度。

5. 十大政策

十大政策分别是：①有利于促进就业的经济发展政策；②有利于促进就业的财政保障政策；③有利于促进就业的税费优惠政策；④有利于促进就业的金融支持政策；⑤城乡统筹的就业政策；⑥区域统筹的就业政策；⑦群体统筹的就业政策；⑧有利于灵活就业的劳动和社会保险政策；⑨援助困难群体的就业政策；⑩实行失业保险促进就业政策。

五、《中华人民共和国社会保险法》

《中华人民共和国社会保险法》（以下简称《社会保险法》）于2011年7月1日起施行。2018年，第十三届全国人民代表大会常务委员会第七次会议对《中华人民共和国社会保险法》部分条款做了修改。

《社会保险法》是中国特色社会主义法律体系中起支架作用的重要法律，是一部着力保障和改善民生的法律。《社会保险法》规定，国家建立基本养老保险、基本医疗保险、工伤保险、失业保险、生育保险等社会保险制度，保障公民在年老、疾病、工伤、失业、生育等情况下依法从国家和社会获得物质帮助的权利。

拓展训练

活动：捍卫劳动者的正当权益

一、活动主题

通过活动，使学生懂得运用有关法律法规保护劳动者的合法权益。

二、活动时间

一周。

三、活动实施

1. 将同学们分成小组。

2. 各小组利用互联网搜集侵犯劳动者合法权益的案例，查阅并学习与案例相关的保护劳动者权益的法律法规。

3. 每个小组派一名代表汇报活动。

4. 评选出汇报最佳的小组。

2.3　劳动合同及权益保障

学习目标

1. 掌握劳动合同的签订原则。
2. 了解劳动合同应具备的条款及权益保障。

导　入

劳动者试用期的权利

李鸿2019年1月应聘到一家高新技术企业工作。由于该企业可以解决户口问题，因而求职者趋之若鹜。公司百里挑一选中了李鸿，李鸿高兴地与单位签订了劳动合同。劳动合同的约定期限为两年半，试用期为半年。试用期工资每月为3 000元，试用期满正式工资为每月5 000元。李鸿刚开始很高兴，后来别人告诉他，公司的行为已违法，李鸿陷入了迷茫中，他该如何主张自己试用期的权利？

分析： 根据《劳动合同法》第十九条的规定，"劳动合同期限3个月以上不满1年的，试用期不得超过1个月；劳动合同期限1年以上不满3年的，试用期不得超过2个月；三年以上固定期限和无固定期限的劳动合同，试用期不得超过6个月"。李鸿与公司签订的劳动合同约定期限为两年半，试用期为半年，超出了法律规定的"劳动合同期限1年以上不满3年的，试用期不得超过2个月"期限，因而是违法的。

另一方面，根据《劳动合同法》第二十条的规定，"劳动者在试用期的工资不得低于本单位相同岗位最低档工资或者劳动合同约定工资的80%，并不得低于用人单位所在地的最低工资标准。"李鸿的试用期月工资只有3 000元，远远低于劳动合同正式工期间月工资5 000元的80%，按照《劳动合同法》的规定，用人单位支付给李鸿的试用期工资不应低于4 000元。除非单位能证明李鸿同等岗位的最低档工资在3 000元以内。

思考： 作为劳动者，李鸿应该如何主张自己试用期的权利？

一、劳动合同

劳动合同是指劳动者与用人单位之间确立劳动关系、明确双方权利和义务的协议。订立和变更劳动合同，应当遵循平等自愿、协商一致的原则，不得违反法律、行政法规的规定。劳动合同依法订立即具有法律约束力，当事人必须履行劳动合同规定的义务。

根据《中华人民共和国劳动法》第十六条第一款规定，劳动合同是劳动者与用工单位确立劳动关系、明确双方权利和义务的协议。根据这个协议，劳动者加入企业、个体经济组织、事业组织、国家机关、社会团体等用人单位，成为该单位的一员，承担一定的工种、岗位或职务工作，并遵守所在单位的内部劳动规则和其他规章制度；用人单位应及时安排被录用的劳动者工作，按照劳动者提供劳动的数量和质量支付劳动报酬，并且根据劳动法律、法规规定和劳动合同的约定提供必要的劳动条件，保证劳动者享有劳动保护及社会保险、福利等权利和待遇。

模块 ② 劳动制度与劳动法规

（一）劳动合同的签订原则

1. 合法原则

劳动合同必须依法以书面形式订立，做到主体合法、内容合法、形式合法、程序合法。只有合法的劳动合同才能产生相应的法律效力，任何一方面不合法的劳动合同，都是无效合同，不受法律承认和保护。

2. 协商一致原则

在合法的前提下，劳动合同的订立必须是劳动者与用人单位双方协商一致的结果，是双方"合意"的表现，不能是单方意思表示的结果。

3. 合同主体地位平等原则

在劳动合同的订立过程中，当事人双方的法律地位是平等的。劳动者与用人单位不应因为各自性质的不同而处于不平等地位，任何一方不得对他方进行胁迫或强制命令，严禁用人单位对劳动者横加限制或强迫命令等情况。只有真正做到地位平等，才能使所订立的劳动合同具有公正性。

4. 等价有偿原则

劳动合同明确双方在劳动关系中的地位作用，劳动合同是一种双务有偿合同，劳动者承担和完成用人单位分配的劳动任务，用人单位付给劳动者一定的报酬，并负责劳动者的保险金额。

（二）劳动合同内容

根据《劳动合同法》的规定，用人单位与劳动者签订劳动合同应以书面形式确立，劳动合同内容就是劳动合同中包含的具体条款，这些条款分为必备条款和补充条款。

1. 必备条款

必备条款包括以下内容。

（1）用人单位的名称、住所和法定代表人或者主要负责人。

（2）劳动者的姓名、住址和居民身份证或者其他有效身份证件号码。

（3）劳动合同期限。它指的是劳动合同的有效时间，是双方当事人所订立的劳动合同起始时间和终止时间，即劳动关系具有法律效力的时间。

（4）工作内容和工作地点。工作内容包含从事劳动的工种、岗位，以及应该完成的生产（工作）任务及工作班次等；工作地点指的是劳动者具体上班的地点，对劳动者来说越详细越好。

（5）劳动报酬。它主要包括工资、奖金、津贴和补贴等内容。

（6）劳动纪律。它是劳动者在生产（工作）过程中必须遵守的工作秩序和劳动规则。

（7）劳动合同终止的条件。劳动合同中约定的合同终止条件是指除法律、法规规定的合同终止以外，当事人双方自己协商确定的终止合同效力的条件。

（8）劳动保护、劳动条件和职业危害防护。它们指的是用人单位应当为劳动者提供的劳动保护措施和劳动条件，主要包括劳动安全和卫生规程、工作时间和休息休假等内容。

（9）违反劳动合同的责任。它是指当事人由于自己的过错而造成劳动合同的不履行，或不适当履行所应当承担的责任。

（10）法律、法规规定应当纳入劳动合同的其他事项。

2. 补充条款

补充条款又称为"可备条款"，是双方当事人通过协商订立的条款，条款的内容如下。

（1）试用期条款。试用期条款是劳动合同中的常见条款，法律对试用期有较明确的规定。如试用期应当包含在劳动期内，并应当参加社会保险，以及试用期最长不得超过 6 个月等。其中合同期在 1 年以上 2 年以内的，试用期不得超过 60 日；合同期在 6 个月以上 1 年以下的，试用期不得超过 30 日；合同期在 6 个月以下的，试用期不得超过 15 日等。

（2）保守商业秘密条款。约定这一条款的目的在于保护用人单位的经济利益，目前越来越多的用人单位开始重视商业秘密的保护，在录用一些关键岗位的人员时均要求签订相应的保密条款。

（三）无效劳动合同

无效劳动合同是指当事人违反法律规定订立的劳动合同，该劳动合同不具有法律效力。根据无效程度，无效劳动合同分为部分无效和全部无效。

提前解约

陈富是某软件开发公司的高级工程师，他得到公司老总的赏识，被安排在软件开发部。出于工作的需要，他掌握着软件开发过程中许多关键性的技术和机密，然而，正是这些技术和机密给他带来了一场官司。原来，陈富觉得一家正处于创业阶段的小公司更能发挥自己的才智和特长，于是想"另谋高就"，遂向公司递交了辞呈，公司未做答复。一个月后，陈富要求办理辞职手续，被公司拒绝。双方为此发生争执，陈富的辞职主张得到了劳动争议仲裁委员会的支持，仲裁委裁定陈富与公司解除劳动合同，并依合同约定支付违约金3 000元。

公司不服，遂起诉到法院，请求撤销仲裁委的裁定，判令陈富继续履行劳动合同，并赔偿由此给公司造成的经济损失。理由是陈富掌握着公司的商业秘密，他跳槽后，很可能使第三者知道并利用这些技术，使公司利益受损。况且，双方签订的劳动合同尚未到期，应当继续履行。被告陈富则不同意公司的诉讼请求，要求维持仲裁委的裁决。法庭质证过程中，陈富和公司都对双方所签劳动合同予以认可。公司对其所称经济损失的主张，没有举出相应证据。

分析：本案双方当事人争议的焦点是被告陈富是否享有辞职权，以及软件开发公司能否以保护商业秘密为由不予办理辞职手续。我国《劳动法》和《劳动合同法》都规定了劳动者的辞职权。《劳动合同法》第37条规定，劳动者提前30日以书面形式通知用人单位，可以解除劳动合同。陈富提前30日书面通知公司解除劳动合同，依法履行了劳动者的预告通知义务，公司应当同意并为其办理辞职手续。

其次，公司能否以保护商业秘密为由，阻止陈富解除劳动合同。劳动者单方解除劳动合同，除了依照法定程序以外，对劳动者行使辞职权不附加任何条件。用人单位不能以风险和损失阻止及干扰劳动者辞职。双方在商业秘密上争议的实质其实是对商业秘密的保守和竞业禁止。《劳动合同法》第23条规定，用人单位与劳动者可以在劳动合同中约定保守用人单位的商业秘密和与知识产权相关的保密事项。对负有保密义务的劳动者，用人单位与劳动者可以在劳动合同或者保密协议中与劳动者约定竞业限制条款，并约定在解除或者终止劳动合同后，在竞业限制期限内按月给予劳动者经济补偿。劳动者违反竞业限制约定的，应当按照约定向用人单位支付违约金。从这里可以看出，保守商业秘密和竞业限制是用人单位和劳动者的约定条款，用人单位和劳动者可以选择约定，也可以不约定，并不存在必须约定的法律义务。在本案中，软件公司没有和陈富约定保守商业秘密和竞业禁止条款，又没有能够举证证明陈富的提前解约行为已经给单位造成现实的、直接的损失。因此单位不能以此理由阻止、干扰陈富解除劳动合同。

根据双方签订的劳动合同，双方约定"劳动者提前解除合同，需向用人单位支付违约金 3 000 元"，陈富应当依约支付违约金。

思考： 作为劳动者，如果想提前解约，应该履行哪些法律义务？

二、劳动权利

（一）平等就业与选择职业的权利

每个劳动者都拥有平等就业和选择职业的权利。所谓平等就业就是指在劳动就业中实行男女平等及民族平等的原则。招工时不得歧视妇女，不得歧视少数民族的劳动者，男女之间及不同民族之间应一视同仁。在录用职工时，除国家规定的不适合妇女的工种或者岗位外，不得以性别为由拒绝录用妇女或者提高对妇女的录用标准。在劳动和工作的调配方面应根据实际情况，对妇女予以必要的照顾。根据政策等对少数民族应有适当的照顾，在工资方面应贯彻同工同酬的原则。

（二）取得劳动报酬的权利

这项权利是指劳动者有权根据自己的劳动数量和质量及时得到合理的报酬，任何用人单位不得克扣或无故延期支付。《劳动合同法》规定，全日制用工的，工资应当至少每月支付一次；非全日制用工劳动报酬结算支付周期最长不超过 15 日。在此规定下，用人单位工资发放时间由用人单位与职工在劳动合同中约定。

在我国，劳动者取得劳动报酬的分配方式是按劳分配。按劳分配是根据劳动者提供的劳动量给付报酬，多劳多得，少劳少得，不劳不得。

为给予劳动者必要的社会保护，国家实行最低工资保障制度。最低工资是指保障劳动者及其家庭的最低生活需要的工资，其标准由各省、自治区及直辖市人民政府规定，报国务院备案。

王荣从职业学校毕业后到一家电子企业工作，进厂时未提出与企业订立劳动合同。但与企业口头约定，用工试用期为 6 个月，期满后视情况再定工作岗位。第一个月王荣领到工资 2 500 元，其他员工告诉她，当地最低工资标准为 2 800 元，企业支付给王荣的工资太低。王荣找到电子企业的厂长询问，厂长解释说试用期属于不熟练劳动期，工资可以低于最低工资标准。

思考：企业给王荣发放的工资低于当地最低工资标准是否违规？

（三）休息休假的权利

我国实行每日工作 8 小时，平均每周工作 40 小时的工作制度。

一般情况下，在法定的节假日期间，用人单位应当按照国家规定的休假天数安排劳动者休假，而不能任意组织加班。用人单位由于生产经验需要，经与工会和劳动者协商后可以延长工作时间，一般每日不得超过 1 小时；因特殊原因需要延长工作时间的，在保障劳动者身体健康的条件下延长工作时间每日不得超过 3 小时，但是每月不得超过 36 小时。

用人单位在符合法律规定的条件下延长劳动者的工作时间，必须向劳动者支付报酬，而且要支付高于劳动者正常工作时间的工资报酬。

此外，我国还实行带薪休假制度。劳动者连续工作一年以上，享受带薪休年假。

（四）获得劳动安全和卫生保护的权利

在劳动生产过程中存在各种不安全和不卫生因素，如不采取措施加以保护，就会危害劳动者的生命安全和身体健康，甚至妨碍生产的正常进行。劳动者有权要求改善劳动条件和加强劳动保护，保证在生产过程中能够安全和健康。

劳动者在劳动过程中必须严格遵守安全操作规程，对用人单位管理人员违章指挥及强令冒险作业等有权拒绝执行；对危害生命安全和身体健康的行为有权提出批评、检举和控告。从事特种作业的劳动者必须经过专门培训并取得特种作业资格。

（五）接受职业技能培训的权利

职业技术培训是为了培养和提供人们从事各种职业所需的技术业务知识和实际操作技能而进行的教育和训练，劳动者有权要求接受这种教育和训练。

(六)享受社会保险福利的权利

享受社会福利保险是每个劳动者都拥有的劳动权利,我国宪法明确规定:"中华人民共和国公民在养老、疾病或者丧失劳动能力的情况下,有从国家和社会获得物质资助的权利。"劳动者享受的社会保险和福利权也就是劳动者享受的物质帮助权。

用人单位和劳动者必须依法参加社会保险,缴纳社会保险费。国家鼓励用人单位根据本单位实际情况为劳动者建立补充保险,提倡劳动者个人进行储蓄性保险。将基本保险、补充保险和储蓄性保险相结合,使劳动者享受的社会保险待遇得到切实保障。

(七)提请劳动争议处理的权利

劳动争议涉及劳动者的健康安全、工作和生活的各个方面,关系到劳动者的切身利益,因此一旦劳动争议出现,劳动者就有权请求处理。

解决劳动争议应当根据合法、公正和及时处理的原则,依法维护劳动争议当事人的合法权益。

三、劳动争议的处理

劳动争议是指劳动关系的当事人之间因执行劳动法律、法规和履行劳动合同而发生的纠纷,即劳动者与所在单位之间因劳动关系中的权利义务而发生的纠纷。

劳动争议的范围在不同的国家有不同的规定,根据我国《劳动争议调解仲裁法》第二条规定,劳动争议的范围如下:

(1)因确认劳动关系发生的争议。

(2)因订立、履行、变更、解除和终止劳动合同发生的争议。

(3)因除名、辞退和辞职、离职发生的争议。

(4)因工作时间、休息休假、社会保险、福利、培训及劳动保护发生的争议。

(5)因劳动报酬、工伤医疗费、经济补偿或赔偿金等发生的争议。

(6)劳动者与用人单位在履行劳动合同过程中发生的纠纷。

(7)劳动者与用人单位之间没有订立书面劳动合同,但已形成劳动关系后发生的纠纷。

（8）劳动者退休后，与尚未参加社会保险统筹的原用人单位因追索养老金、医疗费、工伤保险待遇和其他社会保险而发生的纠纷。

（9）法律、法规规定的其他劳动争议。

劳动争议处理方式包括协商、调解、仲裁和诉讼。

《劳动争议调解仲裁法》第四条规定："发生劳动争议，劳动者可以与用人单位协商，也可以请工会或者第三方共同与用人单位协商，达成和解协议。"第五条规定："发生劳动争议，当事人不愿协商、协商不成或者达成和解协议后不履行的，可以向调解组织申请调解；不愿调解、调解不成或者达成调解协议后不履行的，可以向劳动争议委员会申请仲裁；对仲裁裁决不服的，除本法另有规定的外，可以向人民法院提起诉讼。"

2019年4月14日，"人民日报评论"微信公众号发表《崇尚奋斗，不等于强制996》的锐评："我们的企业不仅要依靠员工的汗水，更要激发员工的灵感；不仅要让员工更努力地工作，更要激发员工更高效地工作；不仅要靠加班工资的激励，更要让家人的陪伴、身体的健康、意义的饱满也成为工作的奖赏。"

利用互联网了解"996"，并说说你是如何看待"996"现象？

2.4　实习与现代学徒制权益

学习目标

1. 了解实习、认识实习、跟岗实习和顶岗实习的相关知识。
2. 了解现代学徒制和现代学徒制学生的相关权益。

一、实习及相关概念

1. 实习

实习是指在实践中学习。在经过一段时间的学习之后，需要了解自己的所学需要或应当如何应用在实践中。因为任何知识都源于实践，归于实践，所以要付诸实践来检验所学。

2. 认识实习

认识实习是指学生由职业学校组织到实习单位参观、观摩和体验，形成对实习单位和相关岗位的初步认识的活动。

3. 跟岗实习

跟岗实习是指不具有独立操作能力、不能完全适应实习岗位要求的学生，由职业学校组织到实习单位的相应岗位，在专业人员指导下部分参与实际辅助工作的活动。

4. 顶岗实习

顶岗实习是指初步具备实践岗位独立工作能力的学生，到相应实习岗位，相对独立参与实际工作的活动。

职业院校学生的实习过程既是一个学习过程，也是一种劳动过程。根据国家相关文件要求，认识实习、跟岗实习由职业学校安排，学生不得自行选择。学生经本人申请，职业学校同意，可以自行选择顶岗实习单位。对自行选择顶岗实习单位的学生，实习单位应安排专门人员指导学生实习，学生所在职业学校要安排实习指导教师跟踪了解实习情况。

二、顶岗实习

顶岗实习是在校学生实习的一种方式，是指在基本完成教学实习和学过大部分基础技术课之后，到专业对口的现场直接参与生产过程，综合运用本专业所学的知识和技能，以完成一定的生产任务，并进一步获得感性认识，掌握操作技能，学习企业管理，养成正确劳动态度的一种实践性教学形式。顶岗实习是学生在企业里身兼员工身份，将理论与实践进行有机结合，根据明确的工作责任和要求，提前到岗位上真刀实枪地工作，有效实现学校与社会的"零距离接触"。学生顶岗实习期间的任务，主要是完成实习工作任务

模块 ❷ 劳动制度与劳动法规

和实习期间的学习任务，在实习期间既能提高自身职业技能，又能培养吃苦耐劳精神，提升自身就业竞争力。

职业院校为做好学生与职业岗位的最佳连接，让学生掌握更多的职业就业知识与专业知识，都需安排顶岗实习。不同于普通实习实训，顶岗实习需要完全履行其岗位的全部职责。

根据不同专业的人才培养要求，顶岗实习一般安排在学生在校学习的最后半年，禁止安排一年级在校学生参加顶岗实习。

2016年4月，教育部根据《中华人民共和国教育法》《中华人民共和国职业教育法》《中华人民共和国劳动法》《中华人民共和国安全生产法》《中华人民共和国未成年人保护法》《中华人民共和国职业病防治法》及相关法律法规、规章的要求，同财政部、人力资源和社会保障部、国家安全监管总局、原中国保监会五部门联合印发了《职业学校学生实习管理规定》。

《职业学校学生实习管理规定》对顶岗实习管理进行了规定，主要内容如下。

（1）顶岗实习的形式是学生相对独立参与实际工作，顶岗实习是职业院校教育教学的核心部分。

（2）顶岗实习的实习单位需是合法经营、管理规范、实习设备完备、符合安全生产法律法规要求的单位，学校需对实习单位进行全方面的考察，包括单位资质、诚信状况、管理水平、实习岗位性质和内容，工作时间、工作环境、生活环境及健康保障、安全防护等内容。

（3）顶岗实习管理主体是学校和实习单位，学校和实习单位应分别选派实习指导教师和专门人员全程指导、共同管理学生实习，要依法保障实习学生的基本权利。

（4）学校、实习单位、学生应在顶岗实习前签订三方协议，约定各方基本信息；实习的时间、地点、内容、要求与条件保障；实习期间的食宿和休假安排；实习期间劳动保护和劳动安全、卫生、职业病危害防护条件；责任保险与伤亡事故处理办法，对不属于保险赔付范围或者超出保险赔付额度部分的约定责任；实习考核方式；违约责任；实习报酬与支付方式及其他需要约定的事项。

（5）学生有权利要求学校安排符合专业培养目标要求，与学生所学专业对口或相近的实习岗位或自行选择符合专业培养目标要求，与学生所学专业对口或相近的实习岗位。

（6）实习单位应遵守国家关于工作时间和休息休假的规定，除已报备案之外，不得安排学生在法定节假日实习、加班和夜班。

（7）实习单位应合理确定顶岗实习报酬，顶岗实习报酬原则上不低于本单位相同岗位试用期工资标准的80%，并按照实习协议约定，以货币形式及时、足额支付给学生。

（8）禁止违反法律或其他相关保护规定安排顶岗实习，禁止学生到酒吧、夜总会、歌厅、洗浴中心等营业性娱乐场所实习，禁止通过中介机构或有偿代理组织安排和管理学生实习工作。

（9）学校和实习单位不得向学生收取实习押金、顶岗实习报酬提成、管理费或者其他形式的实习费用，扣押学生的居民身份证，要求学生提供担保或以其他名义收取学生财物。

（10）除相关专业和实习岗位有特殊要求，并报上级主管部门备案的实习安排之外，实习单位不得安排学生从事高空、井下、放射性、有毒、易燃易爆，以及其他具有较高安全风险的实习。

（11）学校应组织做好学生实习情况的立卷归档工作。实习材料包括实习协议、实习计划、学生实习报告、学生实习考核结果、实习日志、实习检查记录、实习总结等。

（12）违反规章制度、实习纪律及实习协议的学生，学校及实习单位需进行批评教育；学生违规情节严重的，经双方研究后，由职业学校给予纪律处分；给实习单位造成财产损失的，学生应当依法予以赔偿。

三、现代学徒制

（一）现代学徒制概述

现代学徒制是中华人民共和国教育部于2014年提出的一项旨在深化产教融合、校企合作，进一步完善校企合作育人机制，创新技术技能人才培养模式。

现代学徒制是通过学校、企业深度合作，教师、师傅联合传授，对学生以技能培养为主的现代人才培养模式。与普通大专班和以往的订单班、冠名班的人才培养模式不同，现代学徒制更加注重技能的传承，由校企共同主导人才培养，设立规范化的企业课程标准、考核方案等，体现了校企合作的深度融合。

现代学徒制具有"招生招工同步、确定培养目标、实现教学方案、整合教学资源和实践双绩评价"的办学特色，其教学过程采用工学交替、半工半读的方式，将专业知识教育与实践技能培训相结合，通过职业院校与企业的密切合作，形成"教师+师傅"的教育新资源。

按照现代学徒制的人才培养计划和要求，学校和企业同时作为施教主体，职业院校有针对性地为企业用工培养技术人才，企业在招收学徒时与学校合作，达到招生与招工一体化的目的。现代学徒制的特征使学生具有学生与学徒的双重身份。学生通过在企业预定的工作岗位学习，培养具体实操能力，完成教学计划的同时学习专业技能。由于学生事实上已经在用人单位提供劳动，其人身在一定范围内交由企业支配，与企业形成特殊劳动法律关系，可以称为"准劳动关系"。

> 讨论思考：
> 　　与传统学徒不一样，现代学徒制学生还有一半身份是学生，也就是说"准劳动关系"在法律上还没有严格的界定。那么，现代学徒制学生权益应用什么方式保障？

（二）现代学徒制学生权益

现代学徒制的学生在实习期间一般从事实操性强的工作岗位，与各种设备接触，与不同机器打交道，即便在严格按照企业劳动规范进行劳动的情况下，也可能会出现不同程度的安全事故，因此，学生人身权益受损情况时有发生。根据劳动关系特征，学生人身权益保护应等同于企业员工，学生遵循企业各项劳动规则，接受企业劳动指令与管理，企业应该承担学生人身健康的保障义务。

学生人身权益主要是生命权和健康权，保障学生生命权和健康权是做好安全工作的基本前提。学生由于在企业做学徒而不在学校直接监管之下，企业对学生人身权益保护起到关键作用。现代学徒制虽然不同于"校企合作"办学模式，但在学生权益保护问题上面临同样的困境，学生作为学徒参与到实际工作中，不能等同于企业正式员工，在很多问题上无法用《劳动法》等相关法律予以解决。对于生命权和健康权这些最基本的人权保护，学校和企业应共同承担责任。

学生人身权益还包括身体权、名誉权、隐私权和人身自由权等方面。由于学生实际工作经验不足，又经常直接与机器设备接触，极易在生产工作过程中遭遇意外事故。例如，身体权受到侵害，被机器设备弄伤手脚时有发生；工作能力较弱，经常被同事、上司等训斥，不同程度伤害个人自尊甚至名誉权；个人信息在工作过程中严重外泄，高校和企业没有做好保护措施导致侵犯学生隐私权；因薪酬等原因对离职进行限制，部分学生不能按照个人意愿离开企业，在一定程度上侵犯人身自由权。在现代学徒制模式下，职业院校和企业应该为学生提供安全、卫生、合格的工作环境，让学生在保障个人人身安全前提下进行劳动。

学生作为学徒参与现代学徒制的学习任务，按照相关法律规定享有报酬权，但报酬额度的具体操作标准没有明确规定，企业支付学徒报酬没有法律的强制性约束，导致支付报酬随意性过大。在实际案例中，很多学生工作支出与报酬收入不对等，有些学生甚至白干活，个别企业以学生学徒身份为由，拒绝支付任何的工资或补贴。

与传统的学徒身份不一致，在实际工作岗位中还必须保障学生的休息权，适当缩短工时以保证其充分休息。从劳动法角度审视，剥夺学生休息权的行为明显侵犯学生合法权益。

另外，还需要保障学生的就业权、平等权、职业培训权、救济权、劳动保护权、工伤保险权等权利。其中，与学生切身利益相关的劳动保护权和工伤保险权受侵犯的情况较为普遍，学生有权利要求企业提供安全环境条件，并将其纳入劳动者保护范围，赋予其工伤保险权。

活动：我的实习安排

查看你的专业人才培养方案，了解你所学专业安排的实习情况，把认识实习、跟岗实习和顶岗实习大致的时间和实习内容写在下面的表格中。

序号	实习性质（认识、跟岗、顶岗）	实习时间	实习内容

模块3　劳动精神与劳动素养

劳动精神是劳动者精神风貌的体现。随着时代的发展，劳动精神的内涵不断丰富，新时代劳动精神表现在尊重劳动、劳动平等、劳动创造、劳动幸福等方面。遵守各项劳动纪律也是劳动精神的重要体现。为了提升劳动素养，鼓励青少年学生向劳模学习，以劳模为榜样，把劳模精神、劳动精神、工匠精神作为自己勇往直前的精神力量，树立辛勤劳动、诚实劳动、创造性劳动的理念，通过校园生活和日常自我管理等多种渠道培养劳动素养，提升劳动能力。

3.1　劳动精神和劳动纪律

学习目标

1. 了解新时代劳动精神的核心内涵。
2. 掌握新时代劳动精神的具体要求。

导入

被"炒鱿鱼"

2017年12月11日8点32分，王萍到广州市中德电控有限公司（以下简称"中德公司")上班,比正常上班时间迟到约1小时。王萍仍在考勤表上填写出勤时间为7点30分,即公司规定的上班时间。中德公司《雇员手册》规定:经常迟到、早退或缺席等属A类犯错,初犯者被发警告信,如在同一年度内累计超过三次警告会被即时辞退。虚报出勤的行为属C类犯错,即时辞退。中德公司以王萍虚报出勤违反《雇员手册》为由解除双方劳动合同,王萍则认为其属A类犯错,不该被"炒鱿鱼",公司属违法解除劳动合同,应支付赔偿金。王萍能够拿到赔偿金吗?

分析:劳动纪律是指人们在共同劳动过程中,为取得行动一致,保证生产(或工作)过程实现所必须遵守的行为准则。中德公司制定的《雇员手册》属于劳动纪律范畴,内容及程序均合法,并曾送达给员工,内容亦无违反法律禁止性规定,故用人单位及员工均应自觉遵守,并可作为法院裁判依据。王萍当天迟到1小时,本应如实陈述迟到原因,由公司依照规章制度处理,但其对迟到原因作虚假陈述,做出不诚信行为,其行为符合用人单位《雇员手册》规定的虚报出勤,故中德公司据此解除王萍的劳动合同正确,无须支付赔偿金。

思考:你认为用人单位需要制定劳动规律吗?对于王萍"迟到"的过失升级为"虚报出勤"的严重犯错你有什么感想?

劳动精神是每一位劳动者在劳动过程中秉持的劳动态度、劳动理念及其展现出的劳动精神风貌。在不同的社会形态下,由于对劳动的理解不同,劳动精神也有差异。以马克思主义理论为指导,进行中国特色社会主义伟大实践的条件下,劳动者的劳动精神表现为"劳动光荣,劳动伟大"的劳动理念,"爱岗敬业,争创一流"的劳动态度,"淡泊名利,甘于奉献"的劳动品德,"艰苦奋斗,勇于创新"的劳动习惯。

一、新时代劳动精神的生成逻辑

中国广大劳动者经过革命、建设和改革时期的伟大实践,继承中华优秀传统文化基因,孕育了中国特色社会主义劳动精神。随着时代的发展,中国特色社会主义劳动精神的内涵不断丰富,呈现"尊重劳动、劳动平等"的价值导向性,倡导"劳动创造"的实践创新性,强调"劳动神圣、劳动光荣"的精神幸福性。新时代劳动精神作为劳动的精神产物,既体现马克思主义理论的思想性,又体现广大劳动者劳动的实践性,是理论与实践的统一;既体现与时俱进的时代性,又蕴含文化基因的传统性,是历史与现实的统一。

1. 马克思主义劳动价值论是新时代劳动精神生成的思想源泉

劳动价值论在马克思主义理论体系中处于基础地位，揭示了劳动的本质属性和劳动推动人类发展的重要作用。因此，马克思主义劳动价值论是劳动精神的理论源头。在中国社会主义革命、建设和改革实践中，中国共产党人以马克思主义劳动价值论为指导，结合中国发展的实际形成了中国化的马克思主义劳动思想。它继承和发展了马克思主义劳动价值论的精髓，对劳动及劳动者的地位和尊严给予了充分的肯定，为新时代劳动精神的形成发展注入了中国元素。

2. 广大劳动者的劳动实践是新时代劳动精神生成的实践基础

在中国社会主义革命、建设和改革中，广大劳动者奋勇拼搏、艰苦创业，这种强大精神力量是新时代劳动精神生成的实践基础。

3. 中华优秀传统文化是劳动精神生成的文化基因

中华民族是以辛勤劳动而著称的民族，也正是凭借着劳动精神，我们书写了中华民族五千多年的辉煌历史，创造了光耀世界的华夏文明。劳动精神与中华民族崇尚劳动的文化传统分不开，传承劳动精神需要我们将传统文化中的良性基因加以创新性变革。第一，勤劳是中华民族最基本、最突出的传统美德。中华民族之所以能在人类历史的长河中屹立不倒，创造出璀璨的民族文化和辉煌的民族历史，都要归功于劳动。第二，尊重劳动是中华优秀传统文化的重要思想。在中国传统文化中，"民为邦本，本固邦宁""因民之所利而利之"等，均体现了以劳动人民作为强基固本的思想。第三，传统文化作品注重对劳动精神的人格化塑造。

4. 社会主义核心价值观是劳动精神生成的价值导向

劳动精神是社会主义核心价值观的应有之义，既包含对劳动价值的判断，也包括对劳动的态度，生动诠释着社会主义核心价值观中蕴含的劳动内容。第一，劳动价值的回归与社会主义核心价值观的价值理念相吻合。中国梦的实现"根本上靠劳动，靠劳动者创造"。"富强、民主、文明、和谐"是社会主义核心价值观在国家层面的准则，与劳动精神的价值倡导高度一致。只有广大学生树立正确的劳动观念，积极参加劳动实践，才能确保"富强、民主、文明、和谐"的价值观念在中国大地落地生根。第二，劳动态度的培养与社会主义核心价值观的价值准则相契合。弘扬劳动精神有利于培养学生"爱岗敬业、争创一流、艰苦奋斗、勇于创新"的劳动态度，这与社会主义核心价值观在个人层面提倡的"爱国、敬业、诚信、友善"的价值准则高度契合。第三，劳动实践的锻炼与社会主义核心价值观的价值取向相融合。劳动实践中锻炼的岗位意识、职业精神、进取精神、拼搏精神、创新精神、家国情怀和奉献精神等，正是对社会主义核心价值观的生动呈现。

二、新时代劳动精神的核心内涵

新时代劳动精神有着丰富的内涵，不仅在内容上继承并发展了马克思主义劳动价值观和中华民族传统优秀的劳动观念，而且还彰显了"辛勤劳动、诚实劳动、创造性劳动"的新理念，倡导"劳动光荣、技能宝贵、创造伟大"的时代风尚，生成了一种"劳动者至上、劳动者平等、劳动者可敬、劳动最光荣、劳动最崇高、劳动最伟大、劳动最美丽"的劳动观。

1. 在劳动人格上倡导"尊重劳动"

"尊重劳动"是新时代劳动精神蕴含的核心要义。第一，尊重劳动是对每个人的道德要求。劳动不仅创造了世界和人本身，而且为推动社会进步提供了必备的物质基础，因此一切劳动都应当受到尊重。第二，尊重劳动者创造的价值。劳动者付出了劳动，为社会创造了物质和精神财富，有权利获得必要的回报，任何拖欠和克扣劳动者工资的行为都是剥削劳动者的行为，都是对劳动的不尊重。第三，维护劳动者的尊严。要合理安排劳动者的劳动时间，维护劳动者合法权益，保障劳动者合法权益不受侵犯，创设更舒适安全的劳动环境，让劳动者心情舒畅，在工作中体会到劳动的快乐和收获的幸福。

2. 在劳动权利上倡导"劳动平等"

劳动是公民的基本权利，即任何劳动者在不影响他人的情况下都具有从事其想从事的劳动的权利，而劳动平等是维护劳动权利的基本条件和维护劳动尊严的基本保障。第一，强调人人享有平等的劳动机会，即所有的劳动者都能够有机会平等地参与劳动，从平等的机会中体现公平的劳动竞争，体现努力的劳动价值，体现对劳动的尊重。第二，反对一切劳动歧视与偏见。第三，强调人人都可以通过劳动做贡献。

3. 在劳动使命上倡导"劳动神圣"

劳动具有光荣和神圣的意义。第一，劳动是宪法赋予的、不可剥夺的权利和义务。我国宪法规定："公民有劳动的权利和义务。"劳动一方面是公民

依法"行使的权利",另一方面也是公民依法"享受的利益"。第二,劳动是我们生存于世界的最为神圣的活动。每个公民通过行使劳动权利,为社会提供产品和服务,也从社会获取报酬,发展自我。第三,劳动果实是圣洁的。劳动果实是诚实劳动、精诚合作的劳动结晶。

4. 在劳动实践上倡导"劳动创造"

新时代科学技术迅猛发展,弘扬劳动精神更加注重培养学生的实践性和创新性。第一,培养服务至上的敬业精神。新时代弘扬劳动精神强调劳动的实践体验性,注重融入性和探究性,强调直接经验而不是间接经验,倾向于尝试、感悟和技能的建构,在劳动中有效提升学生的动手能力、沟通合作能力及解决实际问题的能力,培养学生的职业道德,养成专业敬业的工匠精神。第二,培养精益求精的品质。新时代劳动精神的培养注重与技术相结合,以技术应用和技术创新为核心,紧跟现代技术的发展态势,在课程设计上既要充分考虑劳动教育中技术素养提升的内在序列,又要充分考虑不同学段学生技能培养的梯度结构,帮助每个学生建构符合其个性且适应未来发展需要的技术素养体系,进而引导学生在工作中养成认真严谨、精益求精的工匠精神。第三,培养追求卓越的创造精神。新时代劳动精神的培养与"创新驱动"的国家发展战略相结合,提倡"做中学""学中做",注重创新意识的提升、创新思维的训练和创新能力的培养,鼓励学生不断追求卓越,进而在全社会弘扬"劳动光荣、技能宝贵、创造伟大"的劳动风尚。

5. 在劳动成就上倡导"劳动光荣"

在劳动成就上,新时代劳动精神倡导每个人通过自己的劳动,收获满足感、快乐感、尊严感,在创造丰富物质财富的同时,拥有丰盈的精神世界。从个人意义而言,一方面,个体可以通过劳动充分发挥自身的积极性与创造性,学会与人合作,追求个体幸福,享受劳动尊严;另一方面,通过劳动磨砺人的意志,培养勤俭节约、勤劳勇敢、艰苦奋斗、坚韧不拔等精神品质。从社会意义而言,劳动推动社会进步,让全社会的生活质量得以整体提升。通过劳动,人们用自己的辛勤汗水和努力奋斗为推动社会文明进步做出贡献,用自己的劳动成就书写平凡中的伟大,实现个人价值与社会价值的统一。

三、新时代劳动精神的具体要求

勤劳勇敢、爱岗敬业、诚实守信的实干精神，是劳动精神的深刻内涵；锐意进取、建功立业、甘于奉献的奋斗精神，是劳动精神的更高体现；精益求精、执着专注、追求卓越的创新精神，是劳动精神的专业要求。劳动精神是所有劳动者的财富、动力、追求，是鼓舞劳动者、激励劳动者、鞭策劳动者的核心源泉。

劳动精神是为广大劳动群众在平凡岗位上创造不平凡业绩，提供强大精神动力的劳动态度、劳动习惯、劳动观念及其整体精神面貌，主要内容包括热爱劳动、开创未来、埋头苦干、默默奉献、坚定信心、保持干劲。

其中，热爱劳动是劳动精神的首要内容。埋头苦干的精神，在本质上也体现精益求精的工匠精神。默默奉献的劳动精神，体现广大劳动群众的崇高境界和伟大品格。

我们处在一个攻坚克难、砥砺前行、创造奇迹的美好时代，既需要更多敢立潮头的"弄潮儿"挺身而出，更需要千千万万的劳动者埋头苦干。党的十八大以来，每逢五一国际劳动节，习近平总书记都会通过各种方式表达对广大劳动者的无比敬意，反复强调大力弘扬劳动精神，就是要激励广大劳动者在追梦圆梦的征途上努力奔跑，以辛勤劳动、诚实劳动、创造性劳动托举梦想、成就梦想，谱写一曲感天动地、气壮山河的奋斗赞歌。

鲁迅先生说过，"我们自古以来，就有埋头苦干的人，有拼命硬干的人，有为民请命的人，有舍身求法的人，他们是民族的脊梁"。在这种"脊梁"中就有劳动精神的"养分"。

用科技给快递插上"翅膀"

广州邮区中心局江高中心里一派繁忙景象。跟 6 个足球场一样大的生产车间里，双层包裹分拣机的传输皮带上载满了邮件。"晚上 10 点到凌晨 4 点，是接发邮件的高峰期，也是邮件处理中心最繁忙的时刻。"广州邮区中心局设备维护分局汪磊说，无论何时何地，只要有技术问题，他都会带领团队第一时间解决。

2020 年是汪磊从事信息技术开发和管理工作的第 13 个年头，他带领技术团队先后完成 6 套信息管理系统，并在邮政系统推广使用。在每年的旺季生产期间，他连续十多天每天工作16个小时以上，与技术团队挖掘设备潜力，提高设备效能，保障设备系统稳定运行。在他和团队的技术支撑下，2020年春节旺季，广州邮区中心局包件分拣量超320万件/日，创下历史新高。

成功的背后，是无数个不眠之夜。软件开发是脑力劳动，尤其是在写程序过程中，思路不能被打断。晚上是汪磊效率最高的时候，很多核心的、关键的代码都是晚上开发出来的，还有很多想法、点子也是半夜想出来的。一年中，他有一半的时间都在加班。

在邮件快速处理的背后，汪磊和技术团队随时准备着，以应对各类突发情况，为生产作业平稳保驾护航。晚上10点后才是邮件量处理的高峰期，半夜接到电话去处理故障和问题，对汪磊来说已经习以为常。"所有的问题到我这里只能解决，必须解决。"2020年12月，汪磊被评为广东省劳动模范。

分析：汪磊劳模身上展现出了富有闯劲、干劲、钻劲的劳动精神，以及崇尚劳动、热爱劳动、辛勤劳动，诚实劳动的劳动精神。正是因为勇敢地闯、大胆地干、执着地钻，才让神州大地处处都有新变化、新气象。汪磊不愧为新时代最美奋斗者！

思考：作为新时代社会主义建设者和接班人，你认为自己应该具备哪些劳动精神？在校期间应该如何提高自己劳动意识？

四、劳动纪律

（一）劳动纪律的概念

劳动纪律又称为职业纪律或职业规则，是指劳动者在劳动过程中应遵守的劳动规则和劳动秩序。根据劳动纪律的要求，劳动者必须按照规定的时间、质量、程序和方法，完成自己承担的生产和工作任务。

人们从事社会劳动，不论在任何生产方式下，只要进行共同劳动，就必须有劳动纪律。否则，集体生产便无法进行。马克思曾说过："一个单独的提琴手是自己指挥自己，一个乐队就需要一个乐队指挥"，在共同劳动中，劳动纪律就是"乐队指挥"，每一位劳动者必须遵守劳动纪律的要求。

（二）劳动纪律的主要内容

劳动纪律主要包括以下几方面内容。

（1）严格履行劳动合同及违约应承担的责任（履约纪律）。

（2）按规定的时间、地点到达工作岗位，按要求请休事假、病假、年休假、探亲假等（考勤纪律）。

（3）根据生产、工作岗位职责及规则，按质、按量完成工作任务（生产、工作纪律）。

（4）严格遵守技术操作规程和安全卫生规程（安全卫生纪律）。

（5）节约原材料、爱护用人单位的财产和物品（日常工作生活纪律）。

（6）保守用人单位的商业秘密和技术秘密（保密纪律）。

（7）遵纪奖励与违纪惩罚规则（奖惩制度）。

（8）与劳动、工作紧密相关的规章制度及其他规则（其他纪律）。

用心，只为塑造更美的你

2019年6月20日，毕业于广州市纺织服装职业学校形象设计专业的2014届毕业生黄丽双被中华化妆师联合会聘为专家级导师。如今的她，创办了自己的美妆造型机构，致力于幸福而甜蜜的新娘造型设计。回顾毕业几年来的奋斗历程，黄丽双说："劳动纪律是化妆造型师必须遵守的行为准则，而劳动精神是引领个人生存与发展的动力源泉。"

化妆造型师是个年轻、新潮、时尚的行业。很多人觉得这个职业光鲜亮丽，觉得化妆造型师可以出入各种高级豪华的宴会场所，可以和明星近距离接触，可以到世界各地公费旅游；工作不用朝九晚五，可以自由安排时间；一双灵巧的手可以让客人变得光彩动人，随便画一个妆容造型就赚好几千……事实上，化妆造型师的工作远没有表面看起来的那么光鲜亮丽，他们日均工作时间长，工作劳动强度大，休息时间无保障，行业流动性较大，稳定性较差，收入水平两极分化严重，行业信用问题突出，就业满意度不高。化妆造型师的职业性质更要求从业者拥有良好的劳动精神和劳动纪律。

黄丽双的第一份工作是化妆师助理，工作任务是跟随团队辅助化妆师完成演出人员的妆容、发型、服装、配饰等整体形象设计。回想起这份工作，黄丽双说自己就像一个不停旋转的陀螺，没有双休日，没有节假日，因为节假日恰恰是最忙的时候，就连春节也不例外，很多同时入行的年轻化妆师助理吃不了这份苦相继离开了这个行业。因为对化妆造型师这个职业有着强烈的热爱，黄丽双坚持了下来。她用心观察化妆师的每个工作细节，如饥似渴地学习妆面设计、发型设计、服饰搭配、手工造型等知识，迅速成长为一名优秀的职业化妆造型师。从此，辛勤劳动、诚实劳动、创造性劳动开始伴随着她的每一步成长。

化妆造型师的工作具有临时性、不稳定性的特点，工作时长不确定性明显，收入主要来源以化妆服务费为主。黄丽双说她曾跟过一个剧组，非常苦，因为赶工期，剧组不断地换场景拍摄，她就不停地给演员化着影视妆，连续三天没有机会合眼休息。黄丽双还说自己一天最多为近30人化过妆，一大早就拿着化妆刷，一刻不能停歇，连椅子也不曾碰过，累到抬不起手臂，垂下手时，手指禁不住颤抖。即便行业内时不时会出现客户或化妆造型师单方面毁约的现象，但黄丽双从业以来，从未出现过迟到或约好了业务又临时取消等不守职业信用的行为。

在2018广东省化妆师职业技能大赛全省总决赛中，黄丽双与来自全省各地预赛选拔出来的61名化妆师一起同台竞技，勇夺第一名，被授予广东省"五一劳动奖章"。

如今的黄丽双有了自己的美妆造型机构，她在培训学员及带领团队时总是把遵纪守时、诚实守信、吃苦耐劳、职业技能、客户满意度等作为业务培训的重要内容。习近平总书记在《庆祝改革开放40周年大会上的讲话》中强调："伟大梦想不是等得来、喊得来的，而是拼出来、干出来的！"黄丽双正是用她的勤勉执着、巧手巧思为广大客户提升自信，塑造更美的形象；正是用她的肯干实干、敢闯敢拼奋力书写着精彩的人生，创造着美好的未来。

分析： 2020年11月24日，习近平总书记在全国劳动模范和先进工作者表彰大会上强调，要大力弘扬劳模精神、劳动精神、工匠精神，指出这三大精神"是以爱国主义为核心的民族精神和以改革创新为核心的时代精神的生动体现，是鼓舞全党全国各族人民风雨无阻、勇敢前进的强大精神动力"。习近平总书记的讲话释放出崇尚劳动、见贤思齐的强烈信号，将激励着广大群众勤于劳动、敢于创造、勇于奋斗。

劳动精神和劳动纪律对于劳动者而言至关重要。黄丽双是中等职业学校的毕业生，作为时尚行业的从业者，她崇尚劳动、热爱劳动、辛勤劳动、诚实劳动，她遵循行业规则，恪守劳动纪律，踏踏实实，一步一个脚印，走出了自己的精彩的人生。"幸福不会从天降，美好生活靠劳动创造"，以辛勤劳动创造幸福，以诚实劳动立身处世，以创造性劳动引领未来，这就是新时代的劳动精神的实践逻辑。"功崇惟志，业广惟勤"，只要我们每个劳动者都不断强化劳动精神，自觉遵循劳动纪律，一砖一瓦才能砌成中华民族伟大复兴的事业大厦，一点一滴才能创造出人民的美好幸福生活。

思考： 你了解自己专业所对应行业的劳动纪律要求吗？你怎么理解习近平总书记所说的"劳动最光荣、劳动最崇高、劳动最伟大、劳动最美丽"，请结合具体事例进行说明。

模块 ❸ 劳动精神与劳动素养

活动：调研

一、活动主题

以"劳动最光荣""劳动最崇高""劳动最伟大""劳动最美丽"为主题进行调研。

二、活动时间

一周。

三、活动实施

1. 将学生分成小组。

2. 每个小组在"劳动最光荣""劳动最崇高""劳动最伟大""劳动最美丽"中选择其一进行调研。（如果各小组都选择一样的内容，教师协调）

3. 每个小组展示自己的调研成果。

3.2　新时代工匠精神

学习目标

1. 理解工匠精神的内涵。
2. 了解中职院校培育塑造学生工匠精神的路径。
3. 在学习和工作中弘扬新时代工匠精神。

导入

不忘技能初心　积极创新钻研

在第四十五届世界技能大赛先进事迹报告会上，来自中国建筑第五工程局技工学校的技能专家组组长雷定鸣，和山西省天镇县的高技能人才张扩忠，通过分享各自的工作、人生经历，阐释了"技能成就梦想，技能成就人生"的技能风尚。

雷定鸣曾担任第四十四、四十五届世界技能大赛砌筑项目专家组长，是名副其实的"金牌专家"。他说："要想在世界技能大赛的舞台上获得好成绩，关键在于项目团队要不断创新钻研。"与刻苦训练的世赛选手不同，专家的任务在于"对症下药"，根据每位选手能力、素质的高低采取不同的训练方法，他们的目标都是相同的：让选手的素质能力更强，为了金牌而冲刺努力。为提高集训选手作品的精度，雷定鸣的团队不断地进行自主创新，研制和改进了集训需用的大小工具。中皮数杆是典型的代表，为了提高砌筑的精度，皮数杆经历了三代更新，曾帮助3届世赛选手得世赛好成绩。现在，雷定鸣团队研制的皮数杆已经成为全国多数省市的选手使用的工具，甚至被上海世赛博物馆收藏。

山西省天镇县的高技能人才张扩忠身为一位农民工，其吃苦耐劳的本色，不甘人后的执着，对美好未来的追求，一直激励着他不断进步。他积极参与建筑工程技术创新，致力于提高民企建筑领域科研水平和技术含量。近年来，他获得国家发明专利14项，众多科研成果在市场上广泛应用，较好地支撑了民企建筑的健康发展。从创业创新中，张扩忠获得了更多精神力量，这激励着他不断向前。

"农民工辛苦，农民工劳累，但我从来不后悔。这几年，虽然我脱贫致富了，可是更深深感到知识和技能的重要性。"张扩忠说。为了提高广大农民工素质，培养农民工的就业本领，近年来，张扩忠所在的企业办起了农民工培训学校，为农民工建立培训就业的学堂，促进农民工从"三无"——无文凭、无技能、无保障，向"三有"——有文凭、有技能、有保障转变，保证了他们在毕业之后有可靠稳定的收入来源，实现脱贫致富。张扩忠说，他始终不忘自己是一个农民工。"捧着一颗心来、不带半根草去"，保持农民工本色，坚持奉献，终身服务社会是他永远不变的初心。"未来，我要充分发挥农民工群体的积极作用，让更多人更好掌握技能。"

分析：当前，我国正处在由第一个百年奋斗目标向第二个百年奋斗目标迈进的重要节点，经济保持长期向好势头，同时也面临诸多矛盾叠加、各种风险隐患交汇的挑战，实体经济发展面临多重困难。实体经济是我国发展的根基，要不断提高质量、效益和竞争力。《中国制造2025》提出中国要从制造业大国向制造业强国转变，生产优质的产品，打造"中国品牌"。

不论是实体经济的振兴还是"中国制造2025"战略目标的实现，都需要培育精益求精的"匠人文化"，提升个人素养，练就扎实的专业技能，把自己练就成为"下得去、留得住、用得上"的高素质劳动者。

思考：看完雷定鸣和张扩忠通过工作和人生经历诠释技能风尚的故事，请谈谈你了解的技能成才路径有哪些？技能成才需要具备哪些条件？

一、工匠精神

（一）工匠精神的内涵

工匠精神是指工匠对自己的产品精雕细琢、精益求精、更完美的精神理念。它是一种在设计上追求独具匠心、质量上追求精益求精、技艺上追求尽善尽美、服务上追求用户至上的精神。

工匠精神是一种职业精神，它是职业道德、职业能力、职业品质的体现，是从业者的一种职业价值取向和行为表现；它是从业者不仅要具有高超的技艺和精湛的技能，还蕴涵着严谨细致、专注执着、精益求精、淡泊名利、敬业守信、勇于创新的工作态度，以及对职业的认同感、责任感、使命感、自豪感等可贵品质。

工匠精神在中国自古有之。我国工匠群体从历史时间轴的起点伊始，不断积聚着力量和惯性，凝集着中华民族的工匠精神，一步一步跨过时间的长河，留下了令世界惊叹的造物技艺。

今天，我们从各类史料记载中可以窥见古代工匠们一道道坚韧的剪影。早在4300年之前，便出现了有史可载的工匠精神的萌芽。相传舜"陶于河滨，河滨之陶者器不苦窳"，记录了舜早年在河滨制陶时，追求精工细作，并以此带动周围的人制作陶器并杜绝粗制滥造的事迹。自舜帝时期开始，再到夏朝的"奚仲"，商朝的"傅说"，春秋战国的"庆"，工匠开始大量出现在史书之中，其演变历史也随着我国古代政治、文化、商业、科技等领域的发展而不断推进，由此形成了我国独特悠久的工匠文化和工匠精神。

"工匠"一词最早指的是手工业者，他们在古代被称为"百工"，是社会成员之一。成书于春秋末期战国初期的《周礼·考工记》，是我国已知年代最久远的手工业技术文献，这本书在中国工艺美术史、科技史、文化史上有着举足轻重的地位，在当时的世界上也是独一无二的。全书共7 100多字，记述了春秋战国时期官营手工业中的木工、金工、皮革、染色、刮磨、陶瓷六大类30个工种的内容，反映了当时我国所达到的科技及工艺水平。

《考工记》把当时的社会成员划分为"王公、大夫、百工、农夫、妇功、商旅"六大类，对百工的职责做了明确界定："审曲面势，以饬五材，以辨民器，谓之百工"，也就是说工匠的职责是需要充分了解自然物材的形状和性能，对原材料进行辨别挑选，加工成各种器具供人所用的。这种职业特性从本质上把工匠和那些"坐而论道"的王公区别开来，工匠成为当时除巫职之外的一个重要的专业阶层。

工匠的首要职责就是造物，技艺是造物的前提，也是工匠存在的第一要素。如何使技艺达到熟练精巧，古代工匠们有着超乎寻常的，甚至是近乎偏执的追求，他们对自己的每一件作品都力求尽善尽美，并为自己的优秀作品而深感骄傲和自豪，如果工匠任凭质量不好的作品流传到市面上，往往会被认为是他职业生涯最大的耻辱。

古代工匠除了对自己的技艺要求严苛，还对之怀有一种绝对的专注和执着，达到忘我的境界，这也一直是我国古代工匠穷其一生努力追求的最高境界。

工匠文化和工匠精神不仅是我国古代社会走向繁荣的重要支撑，也是一份厚重的历史沉淀。工匠的本质是精业与敬业，这种精神融入工匠们的血液之中，技艺为骨，匠心为魂，共同铸就了我国丰富的物质文化现象，推动了我国古代技术的创新发展。

（二）新时代的工匠精神

2017年，中共中央、国务院印发了《新时期产业工人队伍建设改革方案》(以下简称《方案》)。《方案》指出：要"加强产业工人队伍建设，必须把培育和弘扬'工匠精神'放在更加重要的位置，让劳动光荣、技能宝贵、创造伟大的时代风尚更加浓厚，真正造就一支有理想守信念、懂技术会创新、敢担当讲奉献的宏大的产业工人队伍，为实现'两个一百年'奋斗目标、实现中华民族伟大复兴的中国梦凝聚最强大的力量。"

当前，我国正处在从工业大国向工业强国迈进的关键时期，培育和弘扬严谨认真、精益求精、追求完美的工匠精神，对于建设制造强国具有重要意义。而只有对新时代"工匠精神"的基本内涵形成共识，才能树匠心、育匠人，为推进中国制造的"品质革命"提供源源不断的动力。

工匠精神包括爱岗敬业的职业精神、精益求精的品质精神、协作共进的团队精神、追求卓越的创新精神这四个方面的内容。其中，爱岗敬业的职业精神是根本，精益求精的品质精神是核心，协作共进的团队精神是要义，追求卓越的创新精神是灵魂。

1. 爱岗敬业的职业精神

爱岗敬业，是爱岗和敬业的合称，爱岗是敬业的基础，而敬业是爱岗的升华，是工匠精神的力量源泉。爱岗敬业是中华民族的传统美德，是一份崇高的精神。

2. 精益求精的品质精神

精益求精，是工匠精神最为称赞之处，具备工匠精神的人对工艺品质有着不懈的追求，以严谨的态度，规范地完成每一道工艺，注意细节、追求完美的极致。

3. 协作共进的团队精神

如果说"爱岗敬业的职业精神""精益求精的品质精神"是传统的"工匠精神"中具有的内涵，那么"协作共进的团队精神"主要体现于新时代的"工匠精神"之中。

4. 追求卓越的创新精神

工匠们在传承传统品德的同时，也要追随时代的脚步，锐意创新，善于运用新理论、新技术、新工艺、新方法，来将工作推上一个新台阶。创新精神是新时代"工匠精神"的内涵之一，甚至是新时代"工匠精神"的灵魂。

二、中职院校培育塑造学生工匠精神的路径

（一）以"工匠精神"引领学生树立正确的三观

我国正处在由制造大国向制造强国迈进的过渡阶段，在创业创新的过程中，只有全体成员拥有高度的责任感和创新意识，发挥团队精神，才能顺利实现由制造到创新的转型。以"工匠精神"引领学生树立正确的价值观，可以使学生认识到发扬"工匠精神"的目的是服务社会，创业创新是追逐梦想的过程也是服务社会的过程。理解"工匠精神"和服务社会的理念，在知行合一的过程中，能够感知社会责任的重大，积极地调和个人价值与社会价值之间的冲突，在发展变化的时代逐步建立起正确的价值观。

（二）以"工匠精神"塑造学生的职业观和创业观

2015年，中央电视台推出的纪录片《大国工匠》，讲述了8位不同岗位的劳动者匠心筑梦的故事。他们在平凡岗位上执着追求，从而达到职业技能的完美和极致。可见，大国"工匠精神"在职业观的塑造中极为关键，它折射出从业人员的职业价值观与就业观。大国"工匠精神"对学生就业也具有指导意义。学生只有拥有了过硬的业务能力与优良的职业素质，才能奠定职

业发展的良好基础。

在"大众创业,万众创新"的口号响彻中华大地的今天,学生创业绝不是一件容易的事,尤其在创业的初始阶段,"工匠精神"应该植根于每一位学生创业者的内心,只有时刻秉持把产品和服务做精做强的理念,才能在创业中立于不败之地。

(三) 以"工匠精神"培养学生求真务实的良好学风

在当今变革创新的时代,亟须大量创新务实的人才。一方面,"工匠精神"有助于学生形成独立自主、踏实务实的学习态度;化被动为主动学习,克服浮躁心态,脚踏实地、深入钻研,积极主动地思考问题。另一方面,"工匠精神"有助于培养学生严谨的作风和精益求精的品质;能够以追求完美的态度对待自己的学习和生活,并激发对专业的兴趣与热爱。

(四) 以"工匠精神"引导学生精益求精、追求卓越的创新精神

"工匠精神"的深层次含义就是创新。精益求精、追求卓越,本身就包含了不断创新的精神。创新并不是盲目的想象和突发奇想,而是在不断的实践过程中反复打磨而产生的。学习"工匠精神",可以使学生在实践过程中逐渐形成创新思维模式,在生活中注重观察与思考,勇于质疑与批判,大胆地实践,最终化不可能为可能。正是"工匠精神"的这种敏锐创意、精雕细琢、不断求精的精神支撑,才能使中国实现由制造大国向创新大国的转变。因此,"工匠精神"应当贯穿于学生成长成才的全过程,只有将"工匠精神"根植于学生内心,并转化为习惯和品行,才能更好地为实现中国梦贡献出自己的力量。

三、弘扬新时代工匠精神

工匠精神体现了工匠对自己的产品独具匠心、精雕细琢、精益求精、尽善尽美的坚持和追求,蕴涵着严谨、执着、敬业、创新等可贵品质,已经渗透到各行各业的各个环节,具有很强的普适性、针对性和拓展性。

当今世界的发达国家,无一不是高度重视工匠精神的,其经济强国的地位都和其产业工人的工匠精神密不可分。工匠精神不仅是劳动者的职业准则,更是政府、企业的金色名片,是一个地方经济发展保持长盛不衰的源源

动力。

工匠精神的发扬光大不可能一蹴而就，除了推动企业家追求卓越、生产者耐心坚守、深化职业教育改革和培育职业精神，还需要改善社会文化环境，用规则制度引导人们的行为，以及我们每个人身体力行。

案例分析

弘扬工匠精神　立志技能成才

2019年8月28日凌晨1时25分，第四十五届世界技能大赛组委会宣布，移动机器人项目的金牌获得者是来自中国的郑棋元与搭档胡耿军。消息一出，郑棋元任职的学校，也是他的母校——云南技师学院的报告厅内瞬间爆发出热烈的欢呼声。

世界技能大赛被誉为"世界技能奥林匹克"，是当今世界地位最高、规模最大、影响力最广的职业技能赛事。2019年8月，22岁的郑棋元与搭档胡耿军代表中国队出战，最终以763分的高分击败此前的"五连冠"得主韩国队，实现了中国选手在世界技能大赛移动机器人项目金牌"零的突破"。

郑棋元说，移动机器人研究只有50多年历史，中国在该领域起步较晚。相比实力雄厚的韩国队，郑棋元和搭档在比赛中面对诸多困难，也背负着巨大的压力。此次比赛是模拟俄罗斯的一间无人仓库，机器人充当搬运工，在接到订单后，完成抓取、转载、运送货物的自动化过程。按照分工，郑棋元负责设计和编程部分，搭档负责组装和遥控操作。

比赛次日，中国队比分处于落后。"比赛中出现问题，我们既不心慌，也不紧张，而是详细排查到底哪个环节出了问题，如何在最短时间内修正。"郑棋元发现问题出在一个写错的程序上，导致两个零件没有得到正确装载，他很快纠正了这个错误。"即便出现问题，我们也没有自暴自弃，而是更加沉着冷静。"郑棋元坦言，在国际赛场上出现失误，仍临危不惧、冷静应对，是通过5年间大小数十场比赛磨炼出的坚韧不拔的意志。

"备战期间，每天十几个小时对着电脑，编程、测试，反复验证各种方案。我唯一的信念，就是一定要夺冠。"怀着对冠军的渴望，郑棋元除了吃饭、睡觉都在训练，每天过着"三点一线"的生活。在最短的时间内，以最高的精度完成任务，是移动机器人比赛的技术难度所在，郑棋元和指导老师刘旺财、教练团队一起制定比赛方案，反复测试，不遗漏任何一个细节。就这样，郑棋元和搭档顺利完成了三轮测试，并在比赛的最后一天实现对韩国队的反超，最终站上世界技能大赛的最高领奖台。

郑棋元（左）与搭档获得世界技能大赛金牌

"我和搭档踏上领奖台，抬头一看，目之所及都是中国同胞在挥动国旗。"郑棋元说，"那一刻我们都落泪了，我们深深地感到，祖国的强大，让我们能昂首挺胸地走出国门，在赛场上忘我拼搏，取得佳绩"。

分析： 中国历史上有木匠鲁班、铸剑大师欧冶子、干将、镆铘等工匠艺人，中国历史上还有青铜铸造，磐石编钟，陶瓷传世，万里长城，兵马俑阵，金缕玉衣，琉璃汉瓦，敦煌壁画，宫殿园林，丝绸刺绣，中医中药，茶艺烹饪，酿酒制醋，书法绘画，以及都江堰、赵州桥、造纸、印刷、火药、指南针等，一系列震惊世人的创举，让中华民族的工匠精神发挥到淋漓尽致。

2016年，"工匠精神"一词首次出现在《政府工作报告》中，并且李克强总理强调要培育精益求精的工匠精神。习近平总书记在党的十九大报告中提出要"建设知识型、技能型、创新型劳动者大军，弘扬劳模精神和工匠精神"，工匠精神成为新时代的精神引领和社会风尚。

思考： 案例中郑棋元是如何实现金牌"零的突破"的？从郑棋元的竞技过程我们看到了工匠精神，请结合你对工匠精神的了解和理解，谈谈新时代的"工匠精神"是什么？

（一）让工匠精神入脑入心

各地都有坚持贯彻工匠精神的出色企业及优秀员工，他们都在自己的领域精耕细作、造福社会。应大力将这些人的事迹推介出去，更多地向公众传递工匠精神、讲述工匠故事、表达工匠情怀，使工匠精神在各地蔚然成风，让"工匠精神"引领"中国创造"。这就要求宣传文化部门身先士卒，学习工匠的务实与敬业精神，培养和增强自身的看齐意识，脚踏实地践行工匠精神。要实在"学"，要对照"做"，真正把工匠精神内化于心、外化于行；贯彻在宣扬传播的细微处，如切如磋，如琢如磨，孜孜不倦、久久为功，确保"工匠精神"真正在全社会弘扬开来、落地生根。

（二）使工匠精神成为规制

再好的财富也要靠人来传承，再好的精神也要靠人来弘扬。要发扬光大工匠精神，应建立有效的激励机制，正确引导人们的行为，发挥好工匠人才的作用。通过采取一系列制度性措施，引导培育学生精益求精的行为习惯，形成体现工匠精神的行为准则和价值观念。当务之急，是建立健全一整套工匠制度，并体现到职业教育、技术培训、市场准入、质量监管以及专利保护等各个方面，使精益求精者得到应有的回报，让违法违规者受到严厉的惩罚。

（三）把工匠精神外化于行

对具备工匠精神的人来说，工作不只是眼前的苟且，还有诗和远方。换言之，大凡敬业者，都把平凡的工作当作一种修行，定得住心、耐得住性，摒弃浮躁、务实求真，用责任感，拾工匠心，塑匠人魂。发扬光大工匠精神，是我们每一个人都应该有的文化自觉和价值追求。

身为一般的从业者，理应做好本职工作，具有螺丝钉精神，在自己平凡的工作岗位上兢兢业业；需要在价值理念和实践上，从社会和公众的需要出发，日复一日、年复一年地向专业里的行家里手和能工巧匠靠拢，用工匠精神锻造出彩人生。

（四）将工匠精神延展出新

鲁班精于木工，创造了墨斗、刨子、钻子、锯子等工具；瑞士制表人对每一个零件、每一道工序、每一块手表都精心打磨、专心雕琢。尽管每个国家、每个时代工匠们创造的产品不同，但无一例外，他们都有所改进、有所创新，并一直延续至今。现在，全面深化改革创新的力度进一步加大，各行各业的从业者面对当前工作中遇到的新情况、新问题，同样离不开发扬工匠精神。积极扩大工匠精神之外延，主动丰富其内涵，既是时代之需，也是职责所系，更是成长、成才的必由之路。学生应勇于开拓，奋发进取，大胆探索，博采众长，在工作理念、工作机制、工作载体和工作方法上寻求新的突破。

追求卓越，传承工匠精神

杨志荣的父亲是顺德一名普通厨师，在"厨出凤城"的时代背景下执着地坚守着厨师的职业精神，保持着顺德厨师对自身的高要求、严标准。杨志荣从小耳濡目染，受到父辈敬业精神的熏陶，在七八岁就帮父母煮饭、做菜，在顺德这个有着悠久美食文化传统的地方成长起来！杨志荣初中毕业时梦想当厨师，于是报读了梁銶琚职校的烹饪专业，计划着实现自己的梦想。

杨志荣入学后认真学习烹饪知识，刻苦训练，并积极报名参加学校的竞赛集训队。在学校的学习训练中，他坚持自己的信念，对自己严格要求。通过加倍的练习，杨志荣进入了学校的竞赛组。当他觉得竞赛组的训练枯燥时，经常会想起小时候的一件事。在街上的一个烧鹅店里，杨志荣的爸爸正在切烧鹅，这时一个顾客走了过来。顾客扬了扬手里的碗口大小的搪瓷杯子，要买几块烧鹅带回家吃。父亲看着搪瓷杯子说："你最好先回家，拿一个碟子再来买吧，酱汁倒在杯中，烧鹅的蜜糖色外皮会变软，影响原本香脆的口感！"顾客为难地说："家有点远，将就吃吧。"结果父亲自己拿了一个碟子，摆了整齐的烧鹅送给了顾客。望着远去的顾客，父亲教导杨志荣说："食在广州，厨出凤城，在我们顺德做厨师，赚钱是其次，能够获得顾客的认同，对得起'厨师'这两个字，才是我想要的，记住，食不厌精，不靓不卖！以后你会懂的！"

父亲曾经说过的话，学校老师和校外师傅的言传身教，使他振作了精神，坚持刻苦的练习。比如在实训中，很多同学经常一到下课时间，就放下菜刀奔着食堂去了。而杨志荣则不慌不忙，待任务完成了才停下了刀，认真地把切好的食材摆整齐。有时看到实训室的地上有同学训练时散落的食材，他都会拿起边上的扫把打扫实训室，边扫边喃喃自语："人品即菜品，食不厌精，不靓不卖……"类似认真做事的事情经常发生在杨志荣身上。还有一次，在跟随班级去企业实习过程中，厨房内，一个同学突然大叫一声："哎呀，这个菜程序搞错了！"另一个同学过来看了一眼，若无其事地说："没事的，菜的味道会有一点偏差。但是一般的客人是很难品出来的。"杨志荣见到了，走过来，拍了拍这个同学的肩膀，告诉同学："师傅平时怎么教我们的，出品不严，总是差那么一丁点儿，长久会影响我们酒楼的生意。我们不能这么干，这样吧，这道菜交给我，我重新做。"

杨志荣的细致、执着、坚持、追求完善的工匠精神，带动和影响一批同学树立了对厨师职业的尊重，对厨师精神的坚守和传承。他参加广东省烹饪技能竞赛获得了一等奖。在企业实习时，短短两个多月，他就被企业任命为楼面部长，创下了学校实习生的一个纪录。杨志荣的故事成为敬业的顺德厨师的一个缩影。类似故事的真实上演和名厨的不断涌现是顺德美食文化和社会经济繁荣的一个重要因素。

分析：杨志荣的求学实习故事，反映了肯学耐苦、尊重食材、敬业好德、精益求精的工匠精神，他是顺德厨师的一个缩影。正是如杨志荣和他父亲这样的一批顺德厨师以"传承不守旧，创新不忘本"为宗旨，坚守了职业精神，全力提升厨德、厨艺水平，才让顺德菜和顺德厨师响亮全中国、响亮全世界。他们的勤劳敬业大大地助力了顺德美食文化和社会经济的繁荣发展。

思考: 你认为工匠精神是什么？如何才能在实际学习、工作和生活中践行工匠精神？

活动：理解工匠精神是如何培养的

一、活动主题

理解工匠精神是如何培养的。

二、活动时间

一周。

三、活动实施

1. 学生分成小组，讨论形成小组观点。

2. 每个小组选出一名代表陈述自己小组的观点。

3. 学生互相点评。

3.3 劳模精神和劳动素养

学习目标

1. 了解劳模精神的概念和内涵。
2. 熟悉劳动素养的现状及提升劳动素养的途径。

导 入

"沙湾奶牛皇后"甜品店店长走上"全国劳动模范"领奖台

坐落在广州市番禺区沙湾古镇的奶牛皇后甜品店，是游客到沙湾古镇游玩必去的场所之一。仿古的西关大屋，门上挂着硕大的牌匾——沙湾奶牛皇后。尚未进门，就可以闻到浓浓的奶香。屋内摆放着十来张广式大理石圆桌椅，青砖、脚门、趟栊门，散发着独特的岭南韵味。"沙湾奶牛皇后"就是这家甜品店的主理人王秀甜，大家亲切地称呼她为"甜姐"。

王秀甜开店30余年,她说当年想找份工作,无奈自己的孩子还小,无法带着孩子去工作。于是在家人的支持下,用仅有的积蓄买下了两头奶牛,王秀甜由此开始了她的创业生涯。

20世纪80年代初,王秀甜从两头奶牛开始起步,大胆探索改良奶牛品种,通过科学养殖提高牛奶质量,演绎了一个普通农民"勤劳创业、带头致富"的传奇,其生产的水牛奶被原国家农业部认证为"绿色有机农产品"。

创业成功后,王秀甜带领村民共同致富,成立沙湾水牛奶妇女经济合作社,推动饲养奶牛向规范化、科学化发展,使沙湾水牛奶养殖业成为远近闻名的特色农业产业。2020年1月,她响应政府号召,将奶牛场搬至湛江市遂溪县。

为配合沙湾古镇旅游项目的开发,王秀甜创办沙湾志秀(奶牛皇后)甜品店,凭借过硬的产品质量、传统地道的工艺手法,创新创造的甜品款式,成为沙湾古镇甜品美食宣传的亮丽名片,王秀甜个人也被评为"沙湾水牛奶传统小食制作技艺"这一项目的广州非物质文化遗产传承人。

创业致富后,王秀甜不忘公益慈善事业,多次参加结对帮扶活动,参与公益慈善活动,为困难妇女儿童出钱出力,以实际行动回报社会,并被推选为广州市第十二届妇女代表。

王秀甜曾荣获"全国农村科技致富女能手""广东省劳动模范""广州市三八红旗手""广州好人""全国劳动模范"等荣誉。

现在,沙湾志秀(奶牛皇后)甜品店已挂牌番禺区工会职工文化教育实践基地,不时有单位组织职工到店里开展研学游活动。

王秀甜表示,自己经营的"奶牛皇后"店挂牌番禺区工会职工文化教育实践基地,是一份光荣,也是一份使命和责任。她将以此为契机,认真做好自己的本职工作,养好一群牛,带好一帮人,做好一杯水牛奶,发扬一门传统技艺,办好一个职工文化教育实践基地。

分析: 据了解,全国劳模和先进工作者每五年评选一次,2020年全国共评出2 500名。这些劳模和先进工作者既有爱岗敬业、埋头苦干的一线工人,也有刻苦钻研、攀登高峰的专家教授;既有驰骋武汉抗击疫情的一线的医护人员,也有扎根基层、为民服务的党员干部;既有世界技能大赛冠军,也有一线劳模工匠……他们在各条战线上辛勤劳动、勤勉敬业、奋发有为、接续奋斗,作出了积极贡献,为广大劳动者树立了榜样示范。

思考: 作为一名普通劳动者,你如何看待自己的工作?在个人的本职岗位上你将如何发挥作用?

劳动模范简称"劳模"，是在我国社会主义建设事业中成绩卓著的劳动者，经职工民主评选，有关部门审核和政府审批后被授予的荣誉称号。劳动模范分为全国劳动模范与省、部委级劳动模范，有些市、县和大企业也评选劳动模范。中共中央、国务院授予的劳动模范为"全国劳动模范"，是中国劳动者最高的荣誉称号。与此同级的还有"全国先进生产者""全国先进工作者"称号。

一、劳模精神

（一）劳模精神的含义

劳模精神，是指"爱岗敬业、争创一流、艰苦奋斗、勇于创新、淡泊名利、甘于奉献"的劳动模范的精神，是伟大时代精神的生动体现。其中，爱岗敬业是本分，争创一流是追求，艰苦奋斗是作风，勇于创新是使命，淡泊名利是境界，甘于奉献是修为。做一个守本分、有追求、讲作风、担使命、有境界、有修为的人，是每一位劳模的精神风范，更是每一位劳动者应该追求的目标。

长期以来，广大劳模以高度的主人翁责任感、卓越的劳动创造、忘我的拼搏奉献，谱写出一曲曲可歌可泣的动人赞歌，为全国各族人民树立了光辉的学习榜样。每个时期的劳模，都是时代的精神符号和力量化身。随着时代的发展，劳模被赋予越来越多的时代内涵和元素，但无论是生产者还是创业者，无论是比表现还是比贡献，无论是讲精神作用还是讲经济效益，劳模的核心价值都是始终不变的。

（二）新时代劳模精神的内涵

尽管每一时代的劳模群体都呈现出多元的组合，以体现对不同劳动价值的肯定，但总的趋势，社会对劳动价值的评判，正在从"出大力，流大汗""苦干加巧干"，向知识型，创造社会效益、经济效益方向转变。

新时代劳模精神具有十大内涵：劳模精神是工人阶级先进性的集中体现，是工人阶级主人翁意识的集中凸显，是社会主义核心价值观的生动诠释，是时代精神的生动体现，是民族精神的重要组成部分，是劳动精神的积极呈现，是培育时代新人的重要手段，是文化自信的重要支撑，是实现伟大复兴中国梦的重要力量。劳模精神当代品格的核心要素是工匠精神。

案例思考

他用毕生的精力在解决吃饭——这个人类一直未能解决的大问题，他用智慧改造了大地，用心血造福了人类，他的名字、事业、精神光耀环宇。他是中国杂交水稻育种专家，是杂交水稻研究领域的开创者和带头人。他就是被誉为"世界杂交水稻之父"的袁隆平。

从1946年开始，他几十年如一日，全心致力于杂交水稻技术的研究，成功研发出"三系法"杂交水稻。1987年，国家"863"计划将两系法杂

世界杂交水稻之父——袁隆平

水稻研究立为专题，袁隆平组成了两系法杂交水稻研究协作组开展协作攻关，历经9年的艰苦攻关，1995年两系法杂交水稻取得成功，一般比同熟期的三系法杂交水稻增产5%～10%，且米质一般都较好。两系法杂交水稻为中国独创，它的成功是作物育种上的重大突破，体现了以袁隆平为首的中国杂交水稻科技工作者的聪明智慧。随后他又率领团队创建了超级杂交水稻技术体系，使水稻产量平均亩产提高到900千克。他多次赴印度、越南等国家，传授杂交水稻技术以帮助克服粮食短缺和饥饿问题。袁隆平从事杂交水稻研究半个多世纪，不畏艰难，甘于奉献，呕心沥血，苦苦追求，使中国杂交水稻研究始终居世界领先水平，为中国粮食安全、农业科学发展和世界粮食供给做出了杰出贡献。他被授予全国劳动模范，被评为全国道德模范，荣获国家最高科学技术奖和联合国教科文组织科学奖，获得国家"改革先锋"荣誉称号。

思考：袁隆平深入田间地头，埋头苦干，呕心沥血，不断对杂交水稻技术进行改良创新。在这背后，是什么力量支持袁隆平几十年如一日，矢志不渝？袁隆平改良杂交水稻技术，不断提高水稻单产和总产，如何看待这给人类社会带来的价值和贡献？

（三）劳模精神的意义

1. 劳模精神是工人阶级主人翁意识的集中凸显

主人翁意识是劳模精神的内在本质，是正确认识和理解劳模精神的关键词。正是因为自觉的、强烈的主人翁意识，劳模才以车间为家、以厂为家、以企为家，才具有积极主动的岗位意识、职业意识、进取精神和创新精神，才在本职工作中充分发挥积极性、主动性和创造性，才能够艰苦奋斗、淡泊

名利、甘于奉献，自觉把人生理想、家庭幸福融入国家富强、民族复兴的伟业之中，最终建构起个人与集体、个人梦与中国梦、小家与国家民族融合统一的发展共同体和命运共同体。

2. 劳模精神是工人阶级先进性的集中体现

在中国革命、建设、改革的各个历史时期，我国工人阶级都具有走在前列、勇挑重担的光荣传统。劳动模范作为工人阶级的优秀代表，是时代的引领者，在工作生活中发挥了先锋和排头兵作用，他们以辛勤劳动、诚实劳动和创造性劳动，持续推动着社会进步、国家发展和民族复兴。劳模精神作为劳动模范的思想内核、行动指南和精神灯塔，成为推动时代前进的强大精神动力，充分体现了工人阶级先进性的主体地位，彰显了工人阶级的伟大品格，推动了工人阶级的成长进步。

3. 劳模精神当代品格的核心要素是工匠精神

从本质上讲，工匠精神是一种基于技能导向的职业精神，它源于劳动者对劳动对象品质的极致追求，它具有精益求精、专注执着、严谨慎独、创新创造、爱岗敬业以及情感浸透、自我融入的基本内涵，既表现了极致之美的品质追求，又体现了敬业之美的精神原色，更展现了创造之美的价值升华。工匠精神充分凸显了新时代劳模精神爱岗敬业、精益求精、追求卓越的精神品质和价值导向，可以说，工匠精神是对劳模精神的重要深化和丰富发展。

4. 劳模精神是培育时代新人的重要手段

一方面，劳模精神作为社会主义核心价值观的生动体现，更简单为人们所理解，更容易为人们所接受，更方便为人们所模仿，将对培育时代新人起到重要的推动作用；另一方面，通过强化教育引导、舆论宣传、文化熏陶、实践养成、制度保障，培养和造就具有劳模精神的时代新人，能够激发广大劳动者干事创业的积极性、主动性和创造性。

二、劳动素养

劳动素养是对劳动意识的进一步深化，是指经过生活和教育活动形成的与劳动有关的人的素养，包括劳动的价值观（态度）、劳动的知识与能力等维度。因此，劳动素养是指劳动者在劳动过程中与之相匹配的劳动心态和劳动技能的综合概括，是处于社会实践活动中的实践主体在掌握一定知识储备和劳动技能基础上开展实践活动，特别是劳动实践中所展现的优良品质的集合，包括劳动意识、劳动精神、劳动能力，以及知识储备和创新精神等状况。

案例分析

只要心中有爱，送快递也能眼中有光、走路带风

张义标是北京顺丰速运有限公司一名快递员，获得2020年"全国劳动模范"荣誉称号。张义标说："这是无限光荣，更是沉甸甸的使命。"在张义标眼里，快递员这个岗位普通且平凡，但只要倾注热情，同样可以"心中有爱、眼中有光、走路带风"。

2019年6月28日，还是北京顺丰速运的一名基层仓管员的张义标获得"中国好人榜"助人为乐好人这一殊荣，这也是他继首都劳动奖章、北京榜样提名奖、全国五一劳动奖章之后，获得的又一重量级大奖。时年32岁的张义标，入职顺丰速运工作已有4年。

4年来，他每天清晨7点准时到岗，将第一批货物装上车，然后分拣、统计，按照准确路线送达客户家中。一天下来，大概要在网点与送达地之间往返10次左右，"什么时候干完活，什么时候下班"是常态，有时要工作到凌晨。午饭与晚饭也常常是"看情况"，如果时间紧张，干脆就省掉了。

只有高中文化程度的他，勤学上进、刻苦钻研，从刚入职时每天只能送几十单，到后来每天可以送二三百单，工作量提速10倍的背后凝结了他的汗水、思考与热情。凭借着对工作的无限热爱和执着，从一名普普通通的快递员晋升为仓管员，实现了从普通工人到基层管理人员的岗位蜕变。

张义标曾荣获"首都劳动奖章"。在面对有些客户的无端挑剔和指责时，张义标总能微笑面对，耐心解释，直至客户满意。在一次"双十一"前夕，张义标仍带病坚持工作，因为"双十一"是快递高峰期，货物的爆仓使送件变得困难，如果处理不及时，不仅会出现爆仓挤压严重现象，也会影响客户及时收件。他为了不耽误快件送达，不顾生病发烧，仍然出发送件，时而推着自行车，时而肩扛快件，硬挺到了"双十一"结束。他的举动深深地感染着身边的每一个人。

一次送件时，张义标认识了独居的孤寡老人吴弘。脏乱的房屋、刺鼻的气味、老人佝偻的身体，这一切让张义标受到深深的触动。从那时起，他经常利用派单间隙，帮助老人洗澡、打扫卫生、买药、聊天谈心，让老人重拾对美好生活的向往，一坚持就是4年。直到老人打电话到公司客服表示感谢，他的善举才为同事们知晓。

张义标牵挂的不仅仅是吴弘，他还先后到甘肃、云南的偏远山区，走访了11个经

模块 ❸ 劳动精神与劳动素养

济困难家庭，资助他们的孩子继续学业。2018年5月，热心公益的张义标积极报名参加了"顺丰莲花助学，爱在路上"的壹点公益活动，来到了贫困的偏远山区甘肃。张义标努力克服当地恶劣的天气和环境，坚持走访了6个家庭。他坚信自己的选择，并且决定一定要让公益成为自己的一种生活习惯，去帮助更多的人，使自己成为对社会更有用的人。

分析： 劳模精神是干一行、爱一行、钻一行的钻研精神；是勇于创新、争创一流的进取精神；是艰苦奋斗、淡泊名利、默默耕耘的"老黄牛"精神；是甘于奉献、乐于服务的忘我精神；是紧密协作、互相关爱的团队精神。只有发扬顽强拼搏、追求卓越的精神，才能出类拔萃，才能"淬炼"成劳模。

习近平总书记强调，光荣属于劳动者，幸福属于劳动者。在送快递这份平凡的工作中，张义标体会到了这份殊荣，更体会到幸福所在。

思考： 作为一名劳动者，在今后的工作、学习和生活中，你将如何践行劳模精神？怎样进一步提高个人的劳动素养？

（一）中职学生的劳动素养现状

具体而言，中职学生的劳动素养是指在掌握扎实专业知识的同时，具有积极主动的劳动意识、良好的热爱劳动和尊重他人劳动成果的心态，不仅能够扎实开展学习、生活、工作中的脑力与体力实践活动，而且能够根据条件变化创造性地开展劳动的能力。当前中职学生身上反映出的劳动素养偏低的现状主要体现在以下几方面。

（1）劳动认知不足。认知是态度和行为的基础，对劳动的积极认知，能够指导学生热爱劳动，尊重劳动，投身劳动，反之，学生就可能对劳动持消极和抗拒态度。然而，由于社会环境、成长经历和应试教育等因素的长期影响，当前，很多学生对劳动的认知普遍不足。劳动包含体力劳动和脑力劳动，但不少学生对劳动简单化理解，片面地将体力劳动等同于劳动的全部，对劳动充满抵触情绪；也有部分学生轻视体力劳动，认为从事体力劳动低人一等，对体力劳动者缺乏应有的尊重；部分学生毕业后找不到满意的工作，宁愿在家"啃老"也不愿意到基层一线去；还有一些学生不能理解国家开展劳动教育的意义和价值，对劳动教育是"人生的第一教育""劳动教育是立德树人的重要载体"认识不到位，觉得当下开展劳动教育多此一举。

（2）劳动态度消极。认知影响态度，对劳动教育认知的不足，导致了部分学生劳动意识淡薄，劳动态度不够端正。如有的学生认为经济社会发达了就无须发扬艰苦奋斗精神，甚至认为辛勤劳动是愚蠢行为，因而依赖父母积累的物质财富和社会资本不思进取，逐渐养成了逃避劳动的心理，形成了好逸恶劳的思想和懒散消极的习惯，成为"啃老族""佛系青年"；少数学生劳动取向功利化，参加志愿服务以及社会实践活动不以认识社会和提升能力为目的，而是关注能否在综合测评中"加分"，是否有助于"评优评先"，一旦认为达不到应有的回报，便选择逃避。日常生活中对劳动的消极态度，影响着学生对劳动以及劳动人民的情感，并进一步影响到学生的就业观，表现为就业时眼高手低，追求不切实际的薪酬待遇，随意毁约，频繁跳槽。

（3）劳动能力弱化。娴熟的劳动能力需要在长期的学习及动手实践中培养和练就。由于劳动观念淡薄、劳动价值模糊、劳动实践不足，当前学生普遍动手能力较差，缺乏基本的劳动技能，更有甚者，连自己的日常生活都不能自理。如有的学生不会做饭烧菜，甚至不会整理房间和清洗衣物，以至于新生开学常有父母帮忙挂蚊帐的现象，媒体中时有学生邮寄脏衣服回家清洗的报道。部分学生不会使用劳动工具，扫把不会拿，拖把不会用，把劳动工具当玩具，劳动技能几乎为零。一些毕业生眼高手低，只会纸上谈兵，不能很好地胜任工作岗位，且不愿意向有经验的先辈学习。以前的农村学生对农活还有所了解，并能从事简单农务活动，但现今一些农村学生也吃不起苦，受不起累，不仅劳动技能大幅下滑，甚至"五谷不分"，更谈不上土地情结。

（4）劳动品质欠佳。社会主义的劳动教育最重要的目的是培养学生的劳动价值观，使学生知道劳动的价值，欣赏劳动的过程，尊重劳动的果实。然而受劳动认知不足和劳动态度消极的影响，不少学生没有养成良好的劳动品质，且劳动情怀比较缺失。如有的学生崇尚安逸享乐，渴望不劳而获，梦想一夜暴富；有的学生劳动意志脆弱，不能吃苦耐劳，在劳动面前容易产生退缩心理；也有学生缺乏艰苦奋斗精神，生活不够节俭，铺张浪费，攀比享乐；还有学生以自我为中心，不善于团队协作。部分学生在学校宁愿把大量时间花在娱乐消遣上，也不愿意打扫宿舍卫生，导致寝室脏乱不堪。还有一部分学生缺乏劳动意识和劳动自觉，不仅不愿意亲自动手劳动，而且还难以理解劳动过程的辛勤，不爱惜、不尊重别人的劳动成果，随手丢垃圾，随地吐痰等现象时有发生。

造成学生劳动素养偏低的原因是多方面的，集中表现为学生成长历程中缺乏培育劳动素养的土壤。这种缺乏，涉及社会氛围、学校教育、家庭环境等各个方面，具体表现为知识本位的文化传统、急功近利的社会风气、分数为王的应试教育、劳育缺失的高等教育、过度娇宠的成长经历、科技宠溺的消费社会。

（二）提升劳动素养的途径

1. 注重劳动价值引导

加强劳动思想教育让"劳动最光荣、劳动最崇高、劳动最伟大、劳动最美丽"的观念内化于心、外化于行。学生要加强马克思主义劳动理论的学习，深刻理解和领会马克思主义关于劳动创造人、劳动促进人的全面发展等观点，通过加强思想政治学习、专业学习提高参加劳动实践、接受劳动锻炼的自觉性和主动性。

劳动教育并不是简单的学习理论课程，也不是完成多少劳动任务。接受劳动教育，不仅是获取劳动的知识与技能，而且涉及价值观的培养问题，要在日常行为习惯的养成中培养劳动意识，以及基本生存能力、责任担当意识。因此，劳动教育的核心目标是劳动价值观的培养，要通过劳动教育，加强对劳动的认识，改变对劳动的态度，培养对劳动的情感，最终树立尊崇劳动、热爱劳动的价值观。

2. 加强劳动品德修养

劳动品德体现了劳动的伦理要求，是指人们在劳动过程中所表现出来的对他人和社会的稳定的心理特征或倾向。学生要深刻理解新时代的劳动者"不仅需要有力量，还要有智慧、有技术，能发明、会创新"的道理，要以科学家、大国工匠和劳动模范为榜样，胸怀理想、脚踏实地、勤学习、锐意进取、敢为先锋、勇于创造。

3. 加强劳动技能学习

劳动知识技能是个体从事一定劳动所必须具备的知识、技术、技巧，以及综合运用这些知识、技术、技巧的能力，是个体劳动素养全面提升的必备基础。学生应通过专业课学习、实习实训、创新创业教育、专业实习、毕业实习等课程加强劳动技能学习，用系统的科学知识为提升劳动素养奠定坚实的基础。

择己所爱

2018年2月，小徐正式成为广州市一家高级订制公司的高级订制培训总监。职业生涯的发展，全凭他爱一行干一行。初中的时候，他经常帮家人缝缝补补，改造衣服。后来父母给他买了一台缝纫机，他通过看书或上网自学，学会使用缝纫机。中考的时候，他主动和父母提出去中职学校学习服装设计。进入职业学校，热爱服装裁剪的动力促使小徐从普通学生到竞赛队成员再到国赛选手。其他同学每天在吃吃逛逛闹闹，小徐则是工艺室和宿舍两点一线，埋头追求服装工艺的精益求精。功夫不负有心人，小徐从市赛开始一路过关斩将，层层晋级，以国赛二等奖和优秀毕业生的成绩走出校门。

走上工作岗位，小徐就已是一位高级订制设计师，并且是全班唯一一位进入高定行业的同学。工作后他认为已有的知识和技术并不够用，提高解决问题的能力必须要提高专业技术。于是，小徐报考了成人大专，同时向有经验的老师傅取经，每天用大量的时间研究人体，学习研发西装面料，创造了最高一个月画了四百多张西装打版图的纪录。正因为他热爱实践，带着解决问题的思维，工作上的难题都能迎刃而解。尤其对于身材比例偏差大的客人，经过他的测量，均能制作合体的西服。由他定做的西服，得到客户的盛赞。

工作不到一年，公司破格提升中职毕业的小徐为培训总监，大学本科毕业的设计师和设计助理成为他的授课对象。他频繁的奔赴全国各家分店开展培训，公司的重要客户指定他量身，公司年度计划咨询他的意见，他完全没有自己的时间，以公司为家。

分析： 我喜欢什么？我以后想从事什么职业？通常是中职学生遇到的难题，50%在读的中职学生吐槽：这个学校（专业）不是自己选的，是被家人"逼"着来上学的。被问对什么感兴趣的时候，70%的中职学生回答是"不知道"。不基于爱好、兴趣的选择（专业、岗位）是中职毕业生最大的瓶颈。40%的中职学生毕业后没有选择和本专业相关的技术性工作岗位。

起点相同，结果不同。和同年入校的其他同学有不同的结果，归根结底是因为小徐爱一行干一行、干一行爱一行，这也是劳模精神的核心。他不管在学校还是在企业都刻意练习，持续发光。时间、精力和才智让小徐职业技能水平不断提升，精神信念让他职业荣誉感不断增强。

现代社会的竞争，劳动技能是核心，劳动素养是有力的支撑。劳动不是简单的机械制造或再造，而是有生命、有理想、有思想的劳动者个体按劳动计划而展开的创造性工作。劳动素养中的劳动心态包括：对待工作的态度，思维素养，解决问题的能力

模块 ③ 劳动精神与劳动素养

等。小徐不仅有劳动技能，还有劳动素养。兴趣，让小徐有良好的态度，自动自发地投入学习和劳动，不会因为高强度的劳动而产生负面情绪。

　　劳动，让小徐对已经体验的事物保持思考的习惯，并在每一次劳动体验后更新观念，提升技巧，为下一次实践做准备。思考，让小徐始终带着解决问题的思维模式投入工作中，不断地在劳动中体验和思考，形成良性循环。中职学生的劳动素养培养不是从走进职场开始，而是在学校里开始培养。中职学生是半个职场人，确定自己所爱，选择自己所爱，匹配社会和企业所需，才能享受提升劳动素养带来的幸福感。

思考：
1. 你认为劳模精神具体指什么？劳动素养又指什么？
2. 作为劳动者，当个人利益和团队利益发生冲突时，你如何做选择？
3. 劳动会使身体疲惫，用哪些方法可以调节自己工作或劳动中的情绪，使自己有工作或劳动的动力？

4. 加强劳动实践锻炼

　　劳动习惯是个体在长期劳动实践训练中形成的稳定的行为模式。加强劳动实践锻炼，养成良好的劳动习惯，要让真抓实干、埋头苦干成为基本的生活方式。学生要在实践中体会劳动素养提升与自身健康成长和全面发展的内在联系，积极参加家庭劳动、学校组织的劳动教育和劳动锻炼，并积极寻找社会实践、公益劳动、勤工助学、校外实习、假期打工等劳动机会，在劳动过程中训练劳动技能，形成热爱劳动的良好品德，锻炼吃苦耐劳的意志品质，全面提高劳动素养。

5. 营造劳动校园文化

　　校园文化对学生的思想观念、价值取向和行为方式具有潜移默化的影响。学校应加强劳动育人校园文化建设，大力弘扬劳模精神、劳动精神、工匠精神，实现劳动教育与校园文化建设相融合。对于职业学校的学生而言，一是重视向榜样学习，通过参加学校开展的"劳模大讲堂""大国工匠进校园"等专题讲座，以及在校园官网、官网微信、橱窗、走廊等宣传阵地推送劳模和工匠的先进事迹，使学生能够近距离接触劳动模范，聆听劳模故事，感受榜样力量，从而激发他们崇敬劳模、学习劳模，崇尚劳动、热爱劳动的情感；二是重视朋辈效应的作用，向身边的人学习。要积极参加与劳动有关的兴趣小组、学生社团，在班会、团课、社团活动，广泛开展劳模精神相关的主题演讲、知识竞赛、征文比赛，以及辩论赛、情景剧大赛，在活动中主动探索和反思劳动的意义与价值；要广泛参加以劳动教育为主题的手工劳技展演，如手工制作、电器维修、班务整理、室内装饰、宿舍内务技能大赛等实践活动，提高自身的劳动意识，加强自身劳动习惯的养成。

6. 在校园生活和日常自我管理中培养劳动素养

一是在班级和宿舍管理中设立劳动岗位。劳动是一项身心相结合的活动，对学生的社交能力、互相协作能力、团队精神的培养有促进作用。职业院校的学生大部分的时间是在教学场所和宿舍中活动的，在教学场所，可以安排定期的值日生进行教室和实训室的日常管理、卫生清洁；在宿舍内也进行轮流值班，负责宿舍的卫生及美化，打造和谐居住和生活的环境，培养劳动意识。

二是定期参加校内外劳动实践活动。学生可以参加在学校内设立的建设劳动基地参加劳动（如无条件，可就近联系工厂或者农场，有组织地安排学生进行生产劳作）。同时，应利用寒暑假进行一定时间的实习锻炼，提交相应的劳动实践报告，将劳动活动与专业的校内外时间、实习结合，并附以一定的学分，纳入考核范畴。

三是加强日常管理制度建设。职业院校从上至下，从领导到全体师生都要有培养劳动精神的意识，才能通力协作，将劳动意识的养成融入人才培养中。因此，制度建设及多方位的宣传就成为保障和落实的关键。在管理过程中，将校内外实践、顶岗劳动、宿舍劳动岗位设立、校园服务及社区服务等都形成规矩和要求，最好以课时或者学分的形式纳入教学和育人体系。

活动：劳动最光荣——向劳模致敬

一、活动主题
《劳动最光荣——向劳模致敬》

二、活动时间
一周。

三、活动实施
全国劳动模范是党中央、国务院授予在社会主义建设事业中做出重大贡献者的荣誉称号，表彰全国劳动模范的目的是弘扬劳模精神，弘扬劳动精神，弘扬中国工人阶级和广大劳动群众的伟大品格。通过活动，让学生了解全国劳动模范的光辉事迹。

全国劳动模范奖章

全国五一劳动奖章

全国五一劳动奖状

1. 学生分小组。
2. 利用互联网搜集全国劳动模范的事迹。
3. 总结交流：从全国劳动模范的身上你学到了哪些精神？

模块4　日常生活劳动实践

在未来的社会中，身体素质的好坏和劳动意识的强弱，将是一个人能否取得成功的关键。一个人的劳动观念、劳动态度、劳动习惯、独立能力、劳动技能，以及在学习中是否勤奋、是否肯于动脑动手等，在很大程度上是从小时候开始的日常生活劳动和参与家务劳动而逐渐形成与获得的。日常的生活劳动实践可以培养青少年的集体荣誉感和高度的责任感，培养其热爱劳动、珍惜劳动成果的优良品质和良好的卫生习惯；可以帮助青少年积极有效地适应未来社会的挑战，增强他们学会生存、学会生活、学会学习的实际本领。

4.1　校园环境劳动

学习目标

1. 了解公共场所的环境卫生规范，能够主动参加校园劳动。
2. 了解个人卫生和宿舍内务卫生规范，能够爱护个人和校园卫生。

导入

劳动委员的初心

19级会计班的黄爱玲担任了班级的劳动委员,她觉得劳动委员的初心就是为班级服务。劳动委员负责班级劳动卫生的组织和实施,具体包括大扫除、班级卫生区,以及管理好班级的日常卫生等劳动,并根据需要积极指导同学们进行劳动,把完成情况向老师汇报。

黄爱玲在管理班级环境卫生和值日工作时,发现同学们基本上都很自觉,但也存在一些问题:

1. 有些感冒的同学每天都要用许多餐巾纸,但用完后没有及时扔进垃圾桶,有时扔在地上,有时塞在台板里,又或者一些同学吃完了早餐,垃圾没有及时扔掉,却将垃圾扔在课桌角落,这样既影响班级环境,又不卫生……作为劳动委员,要及时引导同学们将垃圾扔进垃圾桶,这样才能保持良好的教室环境。

2. 同学们在班级里看到垃圾时,都会主动捡起来,但是在班级门口看到垃圾,却都视而不见。我们无论在哪里看到垃圾都应该主动捡起来,养成良好的卫生服务习惯。

3. 同学们对校园劳动缺乏兴趣,出现敷衍了事或任务式的劳动,效果不佳。作为劳动委员,可以细致落实值日生的卫生工作,现场参与指引值日生的值日劳动。

针对同学们的这些问题,黄爱玲同学进行了思考,并改进劳动委员工作,从而让班级的日常劳动更加完善。

分析: 校园劳动需要每位同学的共同参与,共同维护班级的干净舒适环境,并在日常劳动中磨炼我们美好的心灵,培养主动做事、积极做事、认真做事的劳动习惯。

思考: 当你作为值日生时是怎样参与劳动的?假如你是班级劳动委员,应该怎样管理和引导班级做好校园劳动?

学校校园清洁的范围一般包括教室、楼道、走廊、图书馆、宿舍、会议室等,这些地方的清洁需要师生共同的付出,保持校园清洁需从细节做起。

一、公共场所的环境卫生规范

校园的公共场所卫生一般由学校的专职卫生保洁员负责,除此之外,还需要我们每个人的努力。校园公共场所的卫生我们可以按照以下规范去做。

(1)楼道、楼梯,做到地面清洁,无痰迹、无垃圾、无污水。

(2)洗手间、厕所,做到地面清洁,无积污水、墙面干净、上下水畅通、无跑冒滴漏、水池内外干净无污物、大小便池干净无便迹、无异味,水房厕所门干净。

（3）公共门窗玻璃、窗台窗框，做到干净、完好、无积尘。

（4）楼内墙壁顶棚，做到无积尘、无蛛网。

（5）认真做好季节性消毒、灭蚊、灭蝇、灭鼠、灭蟑螂工作。

（6）爱护公物，节约水电，所用卫生工具等要妥善保管，谨慎使用，尽可能修旧利废。

（7）垃圾要倒入垃圾桶（箱）内，不能随处乱倒，杜绝焚烧垃圾、树叶等污染环境现象发生。

（8）爱护环卫设施，养成良好的卫生习惯，不在各种建筑物、各种设施及树木上刻画、张贴。

二、个人卫生和宿舍内务卫生规范

讲好个人卫生有利于形成良好的个人生活习惯。宿舍是我们每天生活的场所，良好的宿舍卫生有利于我们的身心健康，我们在保持好个人卫生的同时，也要和舍友一起维护好宿舍卫生。

宿舍内务卫生需注意以下几项。

（1）养成良好的个人卫生习惯，要勤洗澡、勤洗衣，个人床铺整洁、卫生。

（2）不随地吐痰，乱扔废纸、白色垃圾、果皮等；不向窗外倒水和乱扔杂物。

（3）宿舍的地面、墙壁、门窗整洁干净，保证无灰尘、痰迹、蛛网等。

（4）室内空气新鲜无异味，无蚊蝇，无蟑螂。

（5）床、桌、凳、书架等家具摆放整齐、干净。

（6）灯具、墙壁、顶棚、暖气设备无尘土，无蛛网。

倡导校园垃圾分类，共创和谐美丽校园
——从垃圾分类践行校园环境劳动

【背景：初识"垃圾分类"】

陈小桦是广州市某所中职学校的二年级学生，她同时也是一名光荣的共青团员。

劳动教育

小桦家所在的越秀区某街道，积极宣传与落实国家垃圾分类的相关政策。小桦通过街道的垃圾分类宣传栏，了解到了《生活垃圾分类制度实施方案》。一天，街道工作人员也上门为他们家配备了专门的分类垃圾桶和厨余垃圾袋。通过每天在家里实施垃圾分类，在街道工作人员的指导下，小桦逐步对垃圾分类有了明确的认识，也清楚了各项垃圾该如何分类。她以前知道废电池、废药品等属于有害垃圾，废塑料、废纸张等属于可回收垃圾。通过学习与实践，她才知道一次性餐具、烟蒂属于其他垃圾，过期食品属于厨余垃圾。小桦不由感叹，垃圾分类看起来简单，实际执行起来并不容易。"美丽中国"的目标，也正通过看似简单的"垃圾分类"，逐步实现。

不久，学校也开始提倡垃圾分类了。通过校园广播、校园宣传栏，小桦了解到，校园内的垃圾分类，也是有专门的指导文件的。《教育部办公厅等六部门关于在学校推进生活垃圾分类管理工作的通知》明确要求到2020年年底，各学校生活垃圾知识普及率达到100%。

作为班里的劳动委员，小桦积极配合学校开展班级垃圾分类宣传与组织工作。她与同学们共同策划了关于垃圾分类的主题班会，她配合班主任完成了班级垃圾桶的定点工作，她积极完成学校布置的垃圾分类手抄报活动……小桦发现，垃圾分类虽然看起来比较麻烦，可对垃圾一一归类，也是一件有趣的事情。随着垃圾分类深入校园时间越来越长，小桦对校园垃圾分类工作也是得心应手，经常因为对校园环境做出突出贡献，受到身边老师、同学的肯定。

【瓶颈：校园行动停滞不前】

经过一段时间后，小桦发现了一个现象：虽然垃圾分类的宣传仍然在进行，但校园环境内的垃圾分类行动却开始停滞不前。例如，她发现分类的垃圾桶形同虚设，同学们并没有按照垃圾的属性，把相应的垃圾投放到相应的垃圾桶。同时，她还发现，校园内随处可见丢弃的有害垃圾、可回收垃圾……这让小桦陷入了思考，她认为自己必须为此做些什么了，于是，她把一部分同学组织起来。

【倡议：校园垃圾分类，从你我做起】

小桦决定行动起来，从校园垃圾分类做起，践行校园环境劳动。

首先，她和同学们一起组建了"校园垃圾分类践行小分队"，拟写了一份"校园垃圾分类倡议书"，鼓励大家积极签名、践行垃圾分类。

校园垃圾分类倡议书

亲爱的同学们：

当前全国上下都在如火如荼推进生活垃圾分类工作，实施生活垃圾分类是贯彻落实党的十九大精神、实现可持续发展、建设美丽中国的基本要求，是减少垃圾产量、促进资源回收、缓解环境压力、改善生活环境的重要举措。为响应垃圾分类的要求,营造干净整洁的学习生活环境,创建和谐文明的校园环境,现特向同学们发出"垃圾分类,我先行"倡议。在此,我们向全体同学发出倡议:

一、从我做起,当好垃圾分类的宣传人。垃圾分类不仅关乎我们的校园环境、社会环境,更关乎人类共同生存的地球环境,让我们积极行动,积极宣传垃圾分类小知识,让更多的人参与进来,共创和谐美丽校园。

二、从我做起,当好垃圾分类的参与者。尽量不使用一次性杯、餐具、纸巾,尽量不使用塑料包装袋,做到适度消费,争做光盘达人。积极了解垃圾分类小知识,严格执行生活垃圾分类标准,做好干湿分离,可回收不可回收分离,坚决杜绝乱丢乱扔行为。

三、从我做起,当好垃圾分类的监督员。主动监督垃圾分类,及时劝导、大胆抵制垃圾乱扔乱倒、混装混运等不文明行为,以实际行动带动身边的人参与生活垃圾分类。

其次,在每天中午、下午放学后,小桦都带领着小分队的成员,到校园内的各个垃圾桶分布处站点,引导同学们把垃圾正确地归置到相应的垃圾桶。在同学们对垃圾分类存在疑惑的时候,及时有针对性地答疑解惑。

另外,小桦还带领着小分队成员,每天课后协助校园物业保洁的工作人员,到校园内把没有及时归置的垃圾,正确归置;同时及时提醒未能按要求垃圾分类、随处乱扔垃圾的同学。

【带动:小分队日益壮大,垃圾分类行动初见成效】

随着小桦带领小分队每日工作的落实到位,越来越多同学意识到垃圾分类的重要性,越来越多的同学自觉做到垃圾分类。小桦的"校园垃圾分类践行小分队",也由原本的10人,扩大到了65人。他们以垃圾分类为切入点,协助老师,一起组织同学们在校园环境内积极开展各种各样的劳动实践活动。

每天,都能看见小分队成员带领同学们在校园公共环境、机房课室、办公区域、饭堂、宿舍公共区等地,以"帮助垃圾回家"的方式,美化校园环境。同时,小桦还注意到,有越来越多的同学,把在学校学到的垃圾分类知识和实践,带入他们的家庭,又促使更多的家庭积极投身到垃圾分类的行列中。

分析:党的十九大报告将坚持人与自然和谐共生作为新时代坚持和发展中国特色社会主义的基本方略之一,将建设美丽中国作为全面建设社会主义现代化国家的重大目标,提出着力解决突出环境问题。由此可见,垃圾分类作为治理环境问题、加强生态文明建设的手段,显得尤为重要。实际上,"垃圾分类"看似简单,执行起来难度却不小。对于我们来说,从无到有,需要很长的适应期。

陈小桦作为一名普通的中职学生,能够在街道宣传后,自觉、主动树立垃圾分类的意识，并协助老师在校园内推广、实行垃圾分类，不是一件简单的事情。以垃圾分类作为切入点，开展校园环境劳动实践活动，是符合当前时代背景的。

但不可否认的是，虽然垃圾分类政策已通过各种渠道宣传，但落地、执行仍是个大问题。我们不难发现，小桦在校园内遇到的诸如"未把垃圾相对应地归置到正确的垃圾桶"等问题，并不少见。或许，按小桦的方式，先在校园学生中宣传、推广，进而以点带面地带动到学生家庭中，是垃圾分类宣传与落实的一种独特思路。

思考：

1. 你知道为什么国家要颁布垃圾分类的相关政策吗？你了解这些政策吗？你知道学校所在地是从何时开始开展垃圾分类工作的吗？

2. 你在日常的校园生活中，有自觉践行垃圾分类吗？是否觉得垃圾分类存在一定的难度？难度在哪里？

3. 作为一名普通的中职学生，我们应该如何通过自己的行动，与身边的师生共同创建和谐美丽的校园环境？

活动：垃圾分类

一、活动主题

通过捡垃圾，知道垃圾的来源、分类、处理和危害。

二、活动时间

一周。

三、活动实施

1. 学生分组，准备好垃圾袋、钩子、铲子等。

2. 各组划分捡垃圾的区域，把校园分为教室、走廊、寝室、食堂餐厅、运动场、花园、校园道路等区域。

3. 将捡到的垃圾，按照分类正确地放入相应的垃圾箱。

4. 活动结束后，学生们需要认真洗手。

4.2　自我生活劳动

1. 了解自我生活劳动技能。
2. 了解自我生活劳动意识建立的意义。
3. 能够主动进行自我生活劳动。

导　入

生活小达人

　　小悦是一名中职学生，到中职学校读书是她第一次离开家里，独立生活。小悦的爸爸妈妈把小悦捧为掌上明珠，从小她就没离开过家人的怀抱，在家里过着衣来伸手、饭来张口的生活。所以选学校的时候，爸爸妈妈也帮她选了与家里同在一个城市的中职学校，以便更多地照顾她，也方便她经常回家。可是，独立生活之后，小悦才发现自己像外星人。见到同宿舍的同学麻利地洗衣服，麻利地拖地，还有第一次班团活动，很多女孩子都会做菜，而她站在一边什么都不会，连男生都不如，空气都尴尬了。回到家，她不开心地跟爸爸妈妈说自己什么都不会，爸爸妈妈很贴心地安慰她，妈妈说这些生活小事不是多大的事，她这嫩嫩的手留着泡茶用，她学的可是茶艺专业啊。爸爸还给她支招儿，让她把衣服带回家洗。听着爸爸妈妈"周到"的想法，小悦哭笑不得，她要的不是这个。班主任关于劳动的主题班会上发起一个"生活小达人"的活动，看谁在一个月内劳动积分最多，不服输的小悦决定来个华丽转身。

　　她谦虚地向同学讨教，原来，洗衣服是有窍门的。一周下来，小悦衣服洗得越来越得心应手了，看着清爽的衣服挂在晚霞的余光中，飘来淡淡的薰衣草香，真是美。小悦一边晾衣服一边唱着歌，同学们都诧异她洗个衣服怎么这么开心。军训时学来的叠豆腐块，很多同学都嫌麻烦不做了，小悦因为自己也不会其他叠法，就一直坚持了。生活老师都赞叹她有一双巧手，还拍了照片发给班主任，听说班主任还发到了家长群，"狠狠地"表扬了小悦。这下小悦更来劲了，每天都把被子叠好，她还成了宿舍标兵。原来坚持把一件事情做好这么有成就感。

　　天气渐渐转凉，小悦从家里带来了秋冬的衣服，衣服多又厚，不知道怎么放好。

劳动教育

一天小悦刷抖音的时候，看到了一个收纳的小视频，原来衣服可以有各种叠法啊，方块叠、万能卷、包包子……小悦边看边尝试，学了好几种叠法。她又刷了关于收纳的视频，学了几招，把箱子也进行了分类，"麻雀虽小，五脏俱全"，放袜子的、放内衣的、放毛衣的……小悦这下体会到妈妈每次帮她收拾房间后那个满意的表情了，原来那是一种获得感啊！

接下来她要挑战的就是拖地了。在家从来没有扫过地、拖过地的小悦，第一次在宿舍值日的时候，被好几个同学嫌弃，说她搞了半天，像没搞过一样。小悦不服输的劲儿又上来了，她仔细回忆妈妈在家如何搞卫生，再一次次的摸索，终于让宿舍变得整洁干净。小悦的宿舍经常拿到标兵宿舍的称号。大家都公认她是管家了，遇到啥事就去问"悦管家"。

一学期过去了，小悦的"生活小达人"积分遥遥领先，她得到了好多奖品。回到家里，她把衣柜整理好，卫生搞好，还做了几道菜，下班回到家的爸爸妈妈都瞪大了眼睛，眼里分明写着不相信啊。不过小悦就是喜欢这种感觉，就是要让别人刮目相看，现在她已经体会到成就感、获得感带来的满足感了。而且她还喜欢上了烘焙，经常把自己制作蛋挞、曲奇的过程拍成小视频发到抖音上，粉丝还不少呢。她的抖音视频有她打扫卫生的、叠衣服的、做菜的，视频里都有她的一双巧手。而这双巧手，让她泡起茶来也更是游刃有余了，行云流水，小悦自己都美醉了。

从五谷不分到抖音网红，小悦越来越自信，而这自信，源自她对生活的自主、独立，还有对美好生活的创造。劳动是一切幸福的源泉，小悦体会到了"生活小达人"的成就感、获得感，更体会到满满的幸福感。

分析： 习近平总书记曾说过，光荣属于劳动者，幸福属于劳动者。生活中我们也可能会有小悦爸爸妈妈的想法，把专业学好就可以，洗衣服、打扫卫生之类的生活小事不必学，甚至可以不做。但是，点滴劳动构成了我们的日常生活，如果在生活中什么都不会，在生活中都找不到成就感，每天起床的那些小事都让自己满是挫败感，那如何培养自信，又谈何在专业技术上有所建树呢？劳动无大小，劳动精神贯穿于生活、学习、工作的方方面面，生活中要入得了厨房、洗得了衣领，工作中要钻得下车床、下得了临床。

思考： 1.当妈妈跟小悦说生活小事不用做，爸爸说把衣服拿回家洗的时候，为什么小悦会不开心呢？这体现了小悦爸爸妈妈怎样的劳动观呢？

2.当小悦把洗好的衣服挂起来，为什么她那么开心呢？

一、自我生活劳动技能

自我生活劳动是学生料理自己生活的各种劳动，是自己的事情自己做，是涉及与自己切身相关的必备技能，如打理个人仪容仪表、做好个人卫生、整理宿舍内务、餐具清洗、学习用品整理、衣物洗涤晾晒叠放缝补等。它是最简单的一种日常劳动，日后不管我们每个人从事何种职业，自我生活劳动都将成为我们的义务和习惯。

爱劳动首先要从自我生活自理开始，任何一个人要培养热爱劳动的态度，都需要从小做起，从自己做起，从小事做起。在自己的事情自己做的同时，也要为他人、为集体服务，逐渐培养自己的责任感和社会适应能力。

自我生活劳动技能是人人必须具备的技能。在我国，尽管各民族、各地区人们的生活习惯有所差异，但卫生习惯、生活自理、学习自理应当是共同的自我劳动项目。这类劳动项目重在养成学生自己动手的良好习惯，从而认识劳动光荣，为从事其他各类劳动打下基础。自我服务劳动技能可促进自己进行充分地自我服务，更加独立、自主地规划自身的中职生活，解决学习、生活中遇到的各种困难。

二、自我生活劳动意识建立的意义

劳动意识是当代中国学生发展核心素养的一个不可或缺的素养，它是一个学生全面发展、全面成长的必要条件和必然要求。一个人，先要从小学会料理自己的生活，长大后才能从事生产劳动。所以，中职学生的自我服务劳动是未来从事其他劳动的基础。而家庭中的自我生活方面的劳动则是培养我们劳动意识和技能的必要手段和基本途径，为我们未来成长为合格公民、创造成功生活奠定基础。

（一）有利于劳动意识和劳动习惯的培养

劳动意识即爱劳动，主动参与承担劳动的思想观念；劳动能力即会劳动，掌握劳动的基本技能技巧。爱劳动一直是中华民族的传统美德。中职阶段虽然不是义务教育，但是中职阶段对于很多学生来说是全日制在校学习的最后阶段，是一个中职学生成长的关键时期，在这一时期中职学生的自我服务劳动意识就是衣食住行等"自理"的思想观念。

（二）有利于培养个人对劳动人民的思想感情

一个人只有付出了辛勤劳动，才能懂得珍惜劳动成果。例如，一个人在穿自己洗的衣服时一般会格外小心在意；在用自己整理的学习用品时会尽量避免弄乱。

（三）有利于促进个人意志品质的形成

劳动习惯的形成过程也是意志形成的过程。例如，每天早晨起来自己叠被并打扫卧室，需要有坚持的意志力。再如，洗衣服、洗鞋子、倒垃圾等劳动，需要不怕脏、不怕累的品德。这些劳动不仅锻炼了我们的动手能力，而且也可以帮助我们养成良好的意志品质。

三、提升自我生活劳动能力的方法

提升自我生活劳动能力是提高我们自身生存能力、竞争能力和自我发展能力的基础。很难设想，一味地依赖别人，把自己的命运寄托在他人身上，时时事事靠别人指点才能生活的人，会有什么大的作为。而且生活不能自理，样样由别人操心代劳，也是懒惰与无能的表现。虽然随着年龄的增长，我们的生活自理能力会有所提高，但自理能力不是自发产生的，它需要我们有意识地加以培养。

自我生活劳动能力需要循序渐进地形成，而不是一蹴而就的，所以需要我们从一件件小事上来要求自己去完成，去做到，去实现。

（一）自我服务意识要提升

热爱劳动是中华传统美德之一。在新时代要加强对学生劳动意识的培养，强化协作意识和责任意识。一是通过成长历程的教育、法制教育和成人礼活动让自身有公民属性的责任担当。二是要从情感上尊重任何劳动者，比如保姆、快递员、保安、清洁工等。三是要提升自我热爱劳动、尊重劳动、崇尚劳动、诚实劳动的意识。

（二）自理生活行动要勤快

主动学习正确的生活自理方法。一方面在学校认真学习老师设计好的生活讲座或播放单项劳动视频；另一方面在家里要主动跟家长学习一些关于自我服务劳动的方法，要求家长多给予指导。遇到自我服务劳动方面的问题，先试着自己想办法解决，锻炼自己处理事务和应对突发情况的能力；然后，可以与同学交流，锻炼人际交往能力；最后再向师长求助。

（三）自我技能提升多训练

在老师和家长的帮助下制定科学的自我服务劳动培养计划，计划要根据自己的年龄提出不同的自我劳动要求，逐渐提高自己独立完成自我服务劳动的能力。在自我生活劳动中，要多学多做，不能由父母或家人包办，摒弃"学习就已经够累的了，只要学习好就行了"的错误观点。要改变自己对劳动的错误态度，要求家长或老师放手让我们自己的事自己干，做一些力所能及的事。要想提高自我服务劳动的技能，就需要有一份劳动任务，如铺床、做饭、洗小件衣物等，让自己反复训练，循序渐进；要多参与社会实践，以锻炼自我劳动服务能力。

四、自我生活劳动能力提升指南

（一）打理个人仪容仪表

仪容，通常是指人的外观、外貌。仪表是综合人的外表，它包括人的形体、容貌、健康状况、姿态、举止、服饰、风度等方面。注重仪容仪表是自身的一项基本素质，反映了本人的精神面貌，代表了自己的整体素质。学生要按照学校要求，头发常清洁，无头屑，不张扬，梳整齐，自然色。男生前发不过眉，后发不抵领，侧发不盖耳；女生前发不遮眼、侧发不盖耳、后发不披肩，不带发网，长发要束起扎发髻，面容干净、清洁，精神饱满，手部干净，不留长指甲。女生不涂有颜色的指甲油，不佩戴饰物。

（二）做好个人卫生

个人卫生是自身生活的基础，必须养成良好的个人卫生习惯。一是要饮食卫生，应做到：生吃瓜果要洗净，不喝生水，不吃三无食品、不挑食不偏食、饭后不马上做剧烈运动。二是勤洗手，应做到：饭前便后要洗手、吃东西前、劳动后要洗手，触摸脏东西、触摸传染病人和从公共场合回来要洗手。三是要保护牙齿，应做到：吃东西漱口，早晚刷牙，不吃过硬、过冷、过热的东西，睡前不吃东西，患牙病应及时治疗。

（三）整理宿舍内务

宿舍整理要做到将必需物品与非必需物品区分开，自己完全不用的东西及时丢弃；个人物品依规定定位，准确标识，摆放整齐有序；学习物品要摆放整齐；床上被褥叠放整齐、不乱扔杂物，床下鞋子的摆放、室内衣物的挂放要整齐；寝室洗漱用具、清洁用具依规定标识，准确定位，摆放有序。具体应做到以下几方面。

（1）保持物品摆放整齐，严禁乱堆、乱放、乱扔，禁止在宿舍墙面乱刻、乱画、乱钉。

（2）床上用品必须摆放整洁，被褥叠放整齐，枕头统一放置在同一个方向，床单平整，其他床上用品摆放有序。

（3）被套、床单须经常清洗，保证干净无异味。

（4）鞋子有序摆放于床下，并保证其干净无异味，鞋内勿放置袜子。

（5）面盆、水桶放置于各自床下。

（6）窗台或桌上物品，如牙具，口杯，书籍等物品要摆放整齐，桌面干净无水迹。

（7）每天处理垃圾，地面卫生及时清扫。

（四）餐具清洗

生活用品，特别是每天用的餐具要做好清洗消毒，一般程序是一刮、二洗、三冲、四消毒、五保洁。要做到使用一次，清洗消毒一次，同时要有个人专用餐具，不共用餐具。用完餐要及时洗碗，不要长时间浸泡；要将有油污和没有油污的碗分开来洗；洗碗的时候先用温水把洗洁精稀释后再洗，再用热水冲洗碗筷进行彻底清洗；洗完碗筷后要将其控水晾干，橱柜台面也要擦洗干净；碗筷要进行消毒。

（五）学习用品整理

整理就是要把用过的物品统一化。整理物品、房间，可以让环境变清爽、生活更舒适。整理学习用品可以让学习更规范、更高效。学生课桌上只保留文具、课本等，其他物品整齐地摆放在抽屉里，抽屉里不准有食品、纸团等杂物；学习结束后，必须整理课桌后才能离开座位；离开座位时，凳子要放到书桌下方。

(六)衣物洗涤

衣物水洗有准备、洗涤、过水、干燥四个步骤。

(1) 准备步骤。

衣物洗涤前的准备工作是洗衣首先要做好的一项重要工作,是洗好衣物的前提。洗衣前如不对衣物进行正确的分类,就会导致衣物灰暗、不明亮,出现串色、搭色,手感僵硬等问题。衣物洗涤前要根据各类服装不同的洗涤要求进行分类。

①根据面料区分水洗与干洗、手洗与机洗。

②按衣物颜色分类。衣物一般可分为白色、浅色、深色三类。

③区分褪色衣物。对容易褪色的衣物要单独洗,以免串染其他衣物。

④按衣物的干净程度分类。要先洗不太脏的衣物,后洗较脏的衣物,最后洗很脏的衣物。

⑤区分内衣与外衣。内衣与外衣不能放在一起洗涤。

⑥区分服装面料。丝绸、毛料衣物不耐碱,要用酸性或中性洗涤液洗涤,其他面料的衣物也要根据面料性能选用相应的洗衣粉、洗衣皂、洗涤液洗涤。

⑦区分有特殊脏污的服装。服装穿着过程中沾染上油渍、圆珠笔污渍等脏污是常见的,对油污较多的衣服要针对污渍采用专门方法处理后,再进行常规洗涤。

(2) 洗涤阶段。

主要是用洗涤剂溶液对衣物进行清洗,目的是把衣物上的污垢与织物分离,洗涤前一般应分类将衣服浸入清水湿润,然后浸入加有洗涤液的水中洗涤。

浸泡是洗涤之前的一个短暂过程,浸泡分清水浸泡和洗涤剂溶液浸泡。洗涤剂溶液浸泡效果好,但容易使深色和易褪色的衣物掉色。丝绸、毛料以及不太脏、易褪色的衣物不能浸泡,要直接洗涤;深色衣物只能用清水浸泡,不能放入洗涤剂溶液中浸泡;使用时间较长,脏污与织物结合比较牢固的衣物,如床单、工作服等在洗涤之前可浸泡,但浸泡时间不要太长,15~20分钟即可;脏污过分严重的衣物可适当延长浸泡时间,使污垢软化、溶解,提高洗涤质量。

洗涤分为手工洗涤和机器水洗两种。正确选择洗涤方法和洗涤剂是提高洗涤质量的重要因素，否则会导致衣物面料、色彩受损。

手工洗涤方法有以下几种。

①拎。用手将浸在洗涤液中的衣服拎起放下，使衣服与洗涤液发生摩擦，衣服上的污垢被溶解除去。拎的摩擦力非常小，洗涤娇嫩的、仅有浮尘和不太脏的衣物，在过水时大多采用拎的手法。

②擦。用双手轻轻地来回擦搓衣物，以加强洗涤液与衣物的摩擦，使衣物上的污垢易于除去，一般适用于不宜重搓的衣物。

③搓。用双手将带有洗涤液的衣物在洗衣板上搓擦，便于衣物上的污垢溶解，适用于洗涤较脏的衣服。

④刷。利用板刷的刷丝全面接触衣物，进行单向刷洗的方法。一般用于刷洗大面积沾有污垢的部分。衣物的局部去渍，也常用小刷子刷的方法。根据衣物的脏污程度，刷洗时摩擦力可自由掌握。

⑤揩。揩是用毛巾或干净白布蘸洗涤液或去渍药水，在衣物的局部污渍处进行揩洗的方法。

小李的第一次住校生活

小李是某中职一年级的新生，她活泼、开朗、能歌善舞。在新的环境里，小李觉得老师热情，同学们友好，学习压力也不大，而且有很多社团活动可以参加，尤其还有她喜欢的舞蹈社，她对新学校的一切都感到非常满意。唯一让她苦恼的是学校非常重视劳动教育，宿舍卫生、课室卫生、包干区卫生，每天都有严格的检查，还要进行评比。

小李是第一次住校，以前在家一直都是"小公主"，从来都是衣来伸手，饭来张口，在家几乎没有做过家务，所以整理宿舍、打扫课室和包干区的卫生这样的劳动对她而言都是一种很大的负担。开学的前两周，小李硬着头皮勉强完成任务。后来，慢慢熟悉环境后，她开始尝试着逃避劳动。平时在宿舍，她总是把自己的东西乱放、被子也不叠，桌面也不收拾，当大家忙着进行大扫除时她就躺在床上玩手机，或者以参加社团活动为由跑出去，同学们提醒得多了，她就当没听见。对自己当天要负责的课室和包干区的卫生从不主动打扫，如果劳动委员提醒他，她就等其他同学打扫得差不多了，才姗姗来迟，马马虎虎完成。在教室里，她的桌面也是最乱的，同桌多次提醒她，她总是不以为然。她认为我是来学校学习本领的，而不是来劳动的。

刚开始，宿舍同学还经常帮她一起收拾或者提醒她，因为她自己完全没有劳动意识，不管提醒多少遍，东西还总是乱放，甚至还常常找借口把自己的分内劳动推给别人，好几次宿舍评比都因为她没能拿到星级宿舍的称号，课室卫生也因为她的马虎而被扣分，同学们开始对她有意见。在一次推选班级文艺干部的时候，能歌善舞的她却落选了，她很失望，也觉得不公平，大哭了一场。

班主任找到她，跟她谈心，和她分析了原因，她终于意识到自己的问题所在，于是决定开始改变。

首先，从思想上和态度上转变认识，改变轻视劳动的观念，重视自我生活劳动习惯的养成。

其次，针对自己存在的问题，请班主任和她一起制定了一份详细的自我生活劳动养成计划（表4-1），并邀请家人和同学一起监督她，帮助她。

表4-1 小李自我生活能力提升计划

	劳动项目	完成标准	具体行动	目标
宿舍篇	列出内务整理清单	1. 毛巾、牙刷等洗漱用品摆放在规定的地方。 2. 叠被子，床铺干净整齐。 3. 书桌摆放有序。 4. 衣柜衣物分类摆放。 5. 鞋子放在鞋架上	每天早上7:00起床后开始整理	力争拿到"星级宿舍"称号
	衣物洗涤	自己的衣服自己洗	每天下午6:00洗澡，洗完澡后马上洗衣服	学会洗衣服
课室篇	整理书桌	每天下晚自习后整理书桌，书本分类摆放	保持书桌整齐	每天一次
	课室卫生	主动完成值日和包干区的卫生打扫	按规定的时间打扫	卫生不扣分

续表

劳动项目		完成标准	具体行动	目标
家庭篇	房间整理	自己收拾房间	周末回家自己整理房间（按照学校宿舍的标准）	一周一次
	家务劳动	和妈妈一起打扫卫生	周末和妈妈进行一次大扫除	一周一次
	做饭	学习做一道菜	周末和妈妈一起到菜市场买菜，为家人做一道菜	一周一次

最后，参加学生团委生活部，历练自己，提升自我生活能力和自我责任意识。

在老师、同学和家人的鼓励和监督下，经过一个学期的实践，小李已完全适应了新的校园生活，不仅自我生活能力得到了很大的提升，养成了良好的卫生习惯，并且得到了家长、老师和同学们的一致肯定，小李同学所在的宿舍也连续多次被评为星级宿舍。

在期末评先评优活动中，小李还被同学们推选为"劳动积极分子"，小李用自己的劳动赢得了同学们的认可。

分析： 陶行知指出，"有生命的东西，在一个环境里生生不已的就是生活"。显然，生活就是衣食住行的集合，谈起生活就离不开劳动，劳动是人类创造物质财富和精神财富的活动。习近平总书记在全国教育大会上指出："要在学生中弘扬劳动精神，教育引导学生崇尚劳动、尊重劳动，懂得劳动最光荣、劳动最崇高、劳动最伟大、劳动最美丽的道理，长大后能够辛勤劳动、诚实劳动、创造性劳动。"并在阐释教育目标时首次完整提出培养德智体美劳全面发展的社会主义建设者和接班人。因此，作为新时代的中职学生，要树立正确的劳动观念，认识到劳动创造美好生活，具备满足生存发展需要的基本劳动能力，在日常生活中养成良好的劳动习惯，培养自强自立的精神，为今后迈入职场、适应职场做好准备，也为创造美好生活打下基础。

案例中的小李因为受到家长的过度呵护，几乎很少参加各种自我生活劳动，所以也无法形成正确的劳动观念。第一次离家住校，因为错误的劳动观念和较差的生活自理能力让她无法很好地融入新环境中，给她的学习、生活带来了很大的困扰。所幸的是，她能够及时地认识到自身的问题，树立了正确的劳动观念，寻求老师的指导和帮助，针对自身存在的问题进行了有针对性的整改措施，并通过持续不断的努力，从日常生活中方方面面的小事做起，掌握了日常生活所需要具备的劳动技能，提高了生活自理能力，养成了良好的自我生活劳动习惯，这也为她今后走入社会奠定了基础。

思考：

1. 离开了家人的照顾，你能处理好自己的日常生活吗？
2. 你觉得良好的自我生活劳动习惯会带给自己哪些益处？
3. 为了养成良好的自我生活劳动习惯，你觉得应该从哪些方面培养呢？

活动：整理寝室内务

一、活动主题

整理寝室或自己的房间。

二、活动时间

一周。

三、活动实施

1. 先拍摄寝室或自己房间的现状图。
2. 整理后，拍照。对比前后照片，与同学分享。

4.3 日常家务劳动

学习目标

1. 了解家务劳动的具体内容。
2. 能够主动参与家务劳动。
3. 掌握部分家务劳动的技巧。

导 入

争做家务小能手

小林是某中职学校二年级的学生，他所在的学校开展了"争当家务劳动小能手"活动，通过这次活动，学校评选出了10名"劳动小能手"。这项活动顿时在学校掀起了热爱劳动、争做劳动小能手的热潮，也受到了学校老师和广大家长的好评。而这次活动所传达的"动手实践、出力流汗、接受锻炼、磨炼意志"的劳动精神，也让小林和他的父母备受启发。本着"提高劳动能力，培养吃苦耐劳的品质"的初心，小林一家人召开了家庭会议，针对家庭的实际情况和小林的兴趣爱好，全家人一起为小林制定了一份劳动养成计划（表4-2）。

表4-2 劳动养成计划

劳动任务项目		完成要求	具体行动
卫生清洁	整理内务	分类摆放物品，床铺干净整齐，书橱摆放有序，将内务整理内化为一种自觉行为	每天早上起床整理好床铺；每天晚上睡觉前收拾书桌，分类摆好物品
	衣物洗涤	坚持做到"我的衣服我来洗"，按洗涤标识正确清洗衣物	每天将自己换洗的衣物清洗干净
	房间清洁	及时清洁房间，定期清理垃圾，打造温馨美观的卧室	每周进行一次房间大扫除
	垃圾分类	勤俭节约，减少垃圾；居家宣传，合理分类	每天做好垃圾分类，每月参加一次社区垃圾分类知识的宣讲活动
	清洁厕所	定时清洁，科学使用工具，物品摆放整齐，按时通风透气，打造干净整洁、空气清新的洗手间	每周认真清洁厕所1~2次
练习技能	烹调烹饪	掌握膳食平衡的原则，做到灵活取用食材，合理运用烹饪技巧，独立创作拿手菜品，做到健康科学养生	每周末给家人做一道菜
	种植养护	掌握花草养护的基本技巧。主动担任家庭园丁，了解家庭花卉习性特点，做到科学管理养护	每周对家中绿植进行1~2次养护，并和家人交流种植养护心得体会
	"变废为宝"	手工制作，变废为宝	每周和家人一起将废弃的物品进行手工制作，尝试"变废为宝"

劳动养成计划制定后，小林在家人的指导下认真执行计划，"撸起袖子"干起了家务劳动。小林积极主动地分担了家务劳动，这也让他有了更多的时间与机会同父母进行深入的交流和沟通，而每当欣赏一家人齐心协力将家中废弃的物品改造加工成装饰品摆放在家中时，他们不禁感叹：亲子劳动实际上其乐无穷，劳动创造美。小林在完

成家务劳动的过程中也越来越能够体会父母的辛苦，逐渐意识到自己作为家庭中的一员，应帮助家长做一些力所能及的事。

在社区开展垃圾分类活动时，小林一家人主动加入了宣传队伍，向社区的居民普及关于垃圾分类的重要性，并指引居民按要求将垃圾放入指定的垃圾桶，社区居民对小林一家人的志愿服务竖起了大拇指，并纷纷称赞父母言传身教树立了良好的榜样，同时他们还表扬小林是"环保小卫士"。在这份劳动养成计划中，对小林而言，最具有挑战性的就是"给父母做一道菜"。经过反复的学习和多次的历练，小林由最初在厨房的手忙脚乱，到能够顺利地做出一道完整的菜肴，到最后能做拿手的菜，他的厨艺越来越好，也得到家人的一致好评。通过给家人做菜，他深深地感受到，做菜并不是一件容易的事，想到过去多年，父母给自己做饭，既要考虑饭菜的色香味俱全，也要注意营养搭配，他暗暗下定决心要在学习的空余时间里，多为父母分担家务，学会体谅父母。

一个学期下来，在学校和家庭的协同教育下，小林将劳动养成计划转化成了自觉的劳动行动，并养成了良好的劳动习惯，生活自理能力明显提高，在学校劳动中，也发挥了模范先锋作用。在学校举行的"争当家务劳动小能手"活动中，小林脱颖而出，获得了"劳动小能手"荣誉称号。拿到奖项的时候，他由衷地感慨：劳动锻炼了体能，劳动练就了技能，劳动发掘了潜能；要快乐劳动，强身健心。

分析：《中共中央国务院关于全面加强新时代大中小学劳动教育的意见》明确指出："家庭要发挥在劳动教育中的基础作用。注重抓住衣食住行等日常生活中的劳动实践机会，鼓励孩子自觉参与、自己动手，随时随地、坚持不懈地进行劳动，掌握洗衣做饭等必要的家务劳动技能。"家庭是实施劳动教育的重要场所，案例中的家长通过日常生活的制定计划、言传身教、潜移默化让孩子养成了爱劳动的好习惯，也有利于树立崇尚劳动的良好家风。孩子自觉参与、自己动手、随时随地、坚持不懈地进行劳动，掌握一些生活技能，能在生活自理中强化劳动自立意识，体验持家之道，学会感悟父母的辛苦。在未来的职业生涯中，必然也需要涉及各项关于劳动的工作事务，在家庭生活中养成的良好劳动习惯，不仅有利于同学们更快、更好地适应职业生涯、适应社会，更重要的是，良好的劳动素养得以外显，帮助个人树立更好的职业形象，进一步推动职业生涯的进步与发展。

思考：

1. 你会做哪些家务劳动？你经常帮助家人做家务吗？

2. 在日常的家务劳动中，你是否打算有针对性地学会一些生活技能？

3. 请你参照小林的计划，尝试着写一份自己的家庭劳动养成计划。

一、家务劳动

在原始社会,家务劳动与生产劳动是紧密联系在一起的。家庭成员,不论男女老少,都是重要的生产力,都会参加家务劳动。到了农业社会,家务劳动逐渐和生产劳动相分离。但人们也认为,孩子从事家务劳动有助于形成良好的家庭氛围,对人格养成大有裨益。

现代社会,家务劳动仍然是家庭生活中不可或缺的一部分。家务劳动主要是指以服务家庭成员为对象,满足家庭生活所必需的劳动,主要包括家居保洁、家庭饮食制作、家庭护理、家庭生活设施的维护等,通过使用清洁设备、工具和药剂,对居室内地面、墙面、顶棚、阳台、厨房、卫生间等部位进行清扫保洁;对门窗、玻璃、灶具、洁具、家具、绿植、衣物等进行针对性的处理,以达到环境清洁、杀菌防腐、物品保养的目的的一项活动,我们经常做的是日常保洁。

(一)家务劳动具体内容

(1)家庭住宅环境保洁。如庭院、地面、墙面、顶棚、阳台、厨房、卫生间、门窗、隔断、护栏等保洁及室内消毒、室内空气治理、病虫害防治等。

(2)家庭生活设施及物品保洁。如灶具、洁具、家具、电器、工具、玩具、衣物、窗帘等保洁。

(二)家务劳动的实践意义

劳动是成功感的一种体验。我们从不会做家务,到初步尝试,再到做出非常好的成果,心理上自然会产生一种成功感所带来的满足感。

二、居室保洁

居家环境干净整洁与幸福成功密切相连,生活凌乱肮脏同衰落失败相邻。居家保洁是处理、扬弃的过程,让环境美、能量正。

(一)居住环境保洁步骤

(1)清场。将影响清洁作业的家具、工具、材料、用品等集中分类放置到合适位置。垃圾清扫后转移到室外或倒进室内垃圾桶。

（2）清洁墙面。掸去墙面浮尘。

（3）清洁窗框。先湿抹，再铲除多余物，最后用干净清洁巾擦净。如果窗户玻璃较脏，可以顺势初步擦拭干净。

（4）清洁窗户玻璃。清洁窗户玻璃一般使用擦窗器法、水刮法、搓纸法。

（5）清洁窗槽和窗台。首先用吸尘器吸出窗槽污垢，不易吸出的污物，用铲刀或平口工具配合润湿清洁布尝试清理，尽量使用旧清洁布或废布。窗槽清理完毕，将窗台收拾擦净。

（6）清洁纱窗。可用水冲洗纱网，再擦净纱窗窗框。晾干后安装。

（7）清洁厨房。依序为顶面、墙面、附属设施、橱柜内部、橱柜外部、台面、地面（如果厨房为清洁使用水源地，厨房地面可安排在后期进行）。

（8）清洁卫生间顶面、附属设施、墙面、台面、洁具。

（9）清洁卧室、客厅、餐厅、书房、阳台。主要包括开关、插座、供暖设施、柜体、家具类表面。

（10）清洁踢脚线。踢脚线上沿吸尘，然后擦净。

（11）清洁门体。依序是门头、门套、门框、门扇、门锁。

（二）居家保洁方法

1. 清洗厨房油污小妙招与小窍门

（1）瓷砖。厨房经常会沾染上很多又厚又重油垢，这个时候我们应先使用纸巾来贴覆在瓷砖上面，喷洒上有厨房专用标志的油污清洁剂，多放置一会儿，这样做的目的就是避免清洁剂滴到瓷砖油污以外的其他地方，并将油垢吸附到纸巾上来。然后我们仅仅需要撕掉卫生纸，并使用干净的布沾上清水来擦拭几遍就可以了。

（2）水池。厨房的水池既要洗菜还要洗碗，其实很容易滋生细菌和沾染油垢。如果没有专门的水池清洁剂或去污粉，可以在有油污的地方撒一点盐或挤一点牙膏，然后用废旧的保鲜膜上下擦拭，擦拭后用温水冲洗几遍，水池瞬间光亮如新。

（3）抽油烟机。抽油烟机是厨房清洁的重中之重。首先，我们需要将油盒里的油污倒掉，然后将油盒浸泡在温肥皂水中大概20分钟左右，如果油污顽固，可适当延时。最后，擦拭机身，将油盒重新安装。

（4）玻璃。玻璃油污可用碱性去污粉擦拭，然后再用氢氧化钠或稀氨水溶液涂在玻璃上，3分钟后用布擦洗，玻璃就会变得光洁明亮。

（5）纱窗。纱窗油污先用笤帚扫去表面的粉尘，再用15克清洁精加水500毫升，搅拌均匀后用抹布两面均抹，即可除去油腻。或者在洗衣粉溶液中加少量牛奶，洗出的纱窗会和新的一样。

（6）排气扇。清洗拆卸排气扇之前，先洗手后打上肥皂，指甲缝里要多留些，然后擦去手上的水。拆卸排气扇，可以取一些细锯末备用，用棉纱裹些细锯末或直接用手抓锯末擦拭，直到把排气扇各部件的油垢擦净。

2. 清洗厨房油污注意事项

（1）灶台。灶台尽量先用热水浸泡一下，软化灶台上的污垢，然后喷上清洁剂，再用抹布擦拭干净。

（2）水池。抓一把细盐，均匀撒在四周的池壁上，然后再用热水自上而下地冲洗几遍，油污便可除去。水池四角的凹槽可以用废牙刷蘸一些细盐粒来刷洗，也可以用旧布缝制一个小口袋，装入几块废弃的肥皂头，泡上一点水后在水池内壁上有油污的地方用力刷几下，然后再用清水冲净，油污就没了。

（3）冰箱。如果冰箱是白色的，时间一长就会因沾上油污而有些变黄，此时可以用软布蘸少许牙膏来慢慢进行擦拭。而冰箱门边较难处理的细缝处，可以利用旧牙刷来清洁。

（4）不锈钢锅。不锈钢锅很容易沾上黑色的污垢，而且难以刷洗。把家里较大的锅中加上半锅左右的清水，并投入一些菠萝皮，再把小号的锅逐一放进去，在炉灶上加热煮沸一段时间，等到冷却以后拿出，这些锅就会光亮如新。

3. 厨房安全的注意事项

（1）灶台边放罐小苏打。厨房最大的安全隐患就是火灾，可在灶台边放一罐小苏打。遇到小火可以用苏打粉扑灭，切不可使用易燃的面粉。油锅起火时，应迅速关闭燃气阀门，并盖上锅盖或用湿抹布覆盖，切勿泼水灭火，以免导致火势蔓延。如果条件允许，可以安装一个烟感器。

（2）看火焰颜色检查天然气灶。多项研究发现，天然气灶在使用过程中会释放大量的二氧化氮，污染室内空气，危害健康。因此，保持厨房通风，及时排出废气非常重要。如果天然气灶喷出的火焰是黄色而非蓝色，则说明燃气质量、燃气灶或周围通风有问题，应及时找专业人员解决。

（3）尽量少用塑料容器。越来越多的研究发现，某些塑料会导致健康问题。正规的塑料制品底部都会用三角形和数字标出塑料的型号。3号塑料（PVC）和7号塑料含有危害健康的双酚A（BPA）。很多外卖饭盒及罐装食品包装中也含有BPA。6号塑料（泡沫塑料）容易向食品中释放某些化学物质。虽然1、2、4、5号塑料相对安全，但是专家建议，储存食物最好用玻璃器皿，携带饮料可选择不锈钢瓶。

（4）洗菜前彻底洗手。做饭前不洗手容易造成二次污染，用清水冲洗20秒可以去除某些细菌。用1大勺柠檬汁、2大勺白醋、1杯白开水装入喷洒瓶中摇匀，制成的天然清洁剂，可用于农产品及个人的清洁。

（5）少用化学洗剂刷碗。洗碗时最好避免化学成分太多的清洁剂。抗菌剂或消毒剂产品常含有刺激肺脏、眼睛和皮肤的化学物质，有些甚至含有致癌物。厨房用1∶9的白醋水溶剂即可杀灭各种细菌。制作肉食后，厨房可先用温热的肥皂水清洗，再用醋水清洗。

（6）多用铁锅做菜。不粘锅含有全氟辛酸（PFOA），多项研究发现，该物质与生育问题和甲状腺疾病有一定关联。使用不粘锅时，应注意低温，避免刮擦。最好选用铁、不锈钢材质的锅。

（7）给水管加个过滤器。如果不喜欢自来水的味道或者担心自来水中存在杂质，可安装自来水过滤器，并定期检查管道生锈状况，防止有害菌、病毒和有毒化学物质损害健康。

（8）糖类必须密封存放。麦片、糖果等一定要放入玻璃或带封口的金属器皿中密封存放，否则极易生虫或招来蟑螂。如果需要使用化学杀虫剂，一定要注意空气及食品安全。

三、收纳整理

整理房间、物品，有助于提高个人的生活品质。整理看似是简单的事情，其实也是一个人思维清晰的体现，是其审美与生活态度的体现。

掌握自我整理的原则

（1）东西越少，利用率越高。
（2）桌子是一面镜子，能反射出你的行为。
（3）收纳工具要精简，过多也会有烦恼。
（4）养成每天放弃一件东西的习惯。
（5）换个角度，物品也有新价值。
（6）珍藏的东西现在未必有用。
（7）自己关心的往往就是最需要的。
（8）有意擦去的一块污渍，净化的是自己的灵魂。
（9）顺手捡起的一片纸，纯洁的是自己的精神。

（一）客厅整理

客厅整理就是扔和收纳，尽量减少东西，为空间减负。可以购买小的篮子放于二层搁板或是台面上收纳杂物；墙面空间也可利用，做上展示架或是搁板，用来收纳和储物；电视柜区域也是可以利用的区域，包括其抽屉空间。

（二）卧室整理

卧室要想做好收纳，主要在于衣柜。衣柜在家里的收藏空间中容量最大，具有出众的收纳能力。衣柜上方放置不经常用的棉被及过季衣物鞋袜；中层是存取最轻松的黄金区域，可以收纳日常常用的东西，收纳衣服可以使用抽屉和衣架；下方放置当季的东西；底层可放熨斗、吸尘器、玩具，方便拿取。

（三）厨房整理

厨房有各种小家电及烹饪锅具，隐藏是关键，也是空间减负的重点。在狭窄的厨房，冰箱、调台、收纳架之间应保持 2~3 步的距离。尽量将东西放在只需要伸手或者跨一步就能拿到的地方。

（四）卫生间整理

洗脸台、洗衣机周围有很多洗涤剂、毛巾等小物件，要方便使用又要整洁，就要将这类物品规划整理，可以选择在墙上安置不锈钢置物架。如果条件允许，可以选择有储物功能的洗脸台，下方用于洗涤用品的放置，上方还可储存化妆用品。毛巾则可以放在墙壁上的收纳架。

化身"洗碗机"

2020年3月，正处在新冠肺炎疫情期间。为了响应"停学不停课"的号召，东莞理工学校开展了劳动教育线上学习，并每周布置一次劳动作业。这周的劳动作业是洗碗。于是，2019级机器人2班的徐梓荣同学便化身成"洗碗机"，并答应妈妈承包这周的洗碗家务。

徐梓荣同学说："刚开始洗碗的时候，我有一种幸福的感觉，我哼着歌儿，轻松地洗着，看着碗柜里干净的碗盘，想到终于能替妈妈干活了，内心有一种成就感，也算是一种劳动的享受。可是，新鲜感一过，我慢慢地开始有些不耐烦了。到第三天时，就想偷懒不干了，可又一想，既然答应了妈妈就不能反悔。所以，干脆在洗碗的步骤上偷工减料，原来洗碗时反复洗两次还不放心，还要再冲洗一次。而现在我只冲洗一次，这样就比原来省劲多了"。就这样，从主动到被动，从情愿到不情愿，徐梓荣同学的妈妈看在眼里。

第三天晚上，徐梓荣妈妈对他说："做简单的事最难的就是坚持。做事情要么不做，要做就要做到最好！如果偷工减料，碗没有洗干净，伤害的还不是我自己的家人？"徐梓荣听到妈妈的话，感到愧疚，决定要认真洗碗，简单的洗碗工作却与我们的健康息息相关。

于是，徐梓荣同学把没有洗干净的碗重新从橱柜拿出来，打开了水龙头，拿起洗碗布，捧起一只碗，认真地把碗内部洗擦干净，接着用洗碗布擦洗碗的边缘，然后将碗翻转过来擦洗底部，用洗碗布把勺子的前端、后端都仔细地进行了擦洗，最后，把一把筷子聚拢在两个手掌中心，反复进行搓擦，筷子也被他洗得像新的一样。接着再用擦碗布将碗、盘、勺子擦干，放入橱柜。

就这样，徐梓荣同学洗碗从被动又回到了主动，从不情愿又回到了情愿。

徐梓荣同学完成劳动作业后，在心得体会上写道："十几年的学生生涯，我们被父母溺爱着，饭来张口、衣来伸手。基本上生活上的事我们都不用过问，父母就给安排得好好的，久而久之，我们便习以为常，认为这是应该的，而如今长大了我们才明白父母的辛苦，还有对我们的爱，而这份爱叫作'责任'。家务劳动不仅让我得到了身体上的锻炼，培养了我的责任感，让我知道身为家庭成员的一分子应学会承担，珍惜家人的劳动成果，还培养了我对简单的事情认真做和做事贵在坚持的生活态度。正如妈妈说的——做事情要么不做，要做就要做到最好！"

分析：干干净净的碗筷，就像是真真切切健康的保障，尤其是在疫情期间，注意卫生是头等大事，生命至上，容不得一点差错。我们可能在实际生活当中也会遇到类似的问题，但是往往因为惰性和认知深度不够，在做家务劳动的时候不够认真，马马虎虎应对。家务劳动虽然辛苦，但是家务劳动是每个家庭成员的责任，是家庭幸福安康的保障；家务劳动虽然辛苦，但却是对家人爱的一种表现。

思考：你会做哪些家务活呢？你有哪些家务活小妙招吗？作为家庭的一分子，你认为如何做可以让我们的家更加和谐美满呢？

我是家务劳动小能手

一、活动主题

做家务劳动。

二、活动时间

一周。

三、活动实施

1. 每个学生制作一份家务劳动记录表。

2. 与家人沟通家务劳动分工。

3. 写下自己的劳动心得。

模块5 社会服务劳动实践

人是社会中最基本的要素。不同的社会环境使人扮演的角色不同。社区是社会有机体最基本的内容，是宏观社会的缩影。社区蕴藏着巨大的资源优势，具有经济性、社会化、心理支持与影响、社会控制和社会参与等多种功能。青少年学生作为社会的一员，慢慢需要完成从家庭化向社会化的转变，也要开始独自面对复杂的社会并承担起对自己和家庭、社会的责任。参与社会实践活动能使青少年学生融入社会、感触生活，通过参与、体验与感悟，增强对社会的认识和理解，发展批判思维，增强他们的社会责任感。参与社会实践是提高青少年学生实践能力和综合素质的关键途径。

5.1 勤工助学劳动实践

学习目标

1. 了解勤工助学的概念和意义。
2. 熟悉勤工助学的岗位要求。
3. 能够积极参加学校勤工助学活动。

勤工助学筑品质 青春奋斗圆梦想

近两年,中国青年报等杂志先后报道了勤工助学大潮中的00后准大学生的励志故事,例如"00后高考生卖冰棍上大学""高考生暑假工地搬砖""高考少年勤工助学送外卖"等正能量新闻。小邱原本是某校的中职毕业生,凭借参加过广东省电子装配学生技能竞赛优越条件,通过自学考试成功被一所高职院校应用电子技术专业录取,成为2019级高职部应用电子技术专业的一名新生。高额的学费和生活费,虽然给从小与爷爷相依为命的她带来了巨大的困扰,但是却没有浇灭她通往高等学府象牙塔的高职梦。

通过跟邻居、亲戚东凑西借,再加上自己暑假打工挣的钱,筹齐了7 000多元学费。来到学校报道后,最让她焦虑的就是如何最大程度解决自己两年的生活费问题。于是她通过班主任寻求勤工俭学的渠道,"应聘"了一份"差事",那就是利用周一到周五的空余时间在学校总务科帮忙整理相关档案资料,并将档案信息录入电脑存档工作,以获得一定的报酬。由于在校的时间是一年半,课程上有所压缩,一方面面对着繁重的学业,她认真学习每一门专业课程;另一方面,通过学习电脑的Office软件来提高自己的办公软件操作能力。小邱说:"平时在档案整理和信息录入时,表面上看似简单而又轻松的工作,其实也特别考验自己的工作态度和工作能力。以前在中职时对Office的接触和操作不多,每周就那么一两节课,现在通过在学校勤工俭学,不仅可以进一步学习Office的操作,提高自己对软件的应用能力,而且还可以锻炼自己对工作的细心和耐心,最主要的是通过自己的双手劳动解决了一部分生活费用问题,哪怕是微薄的收入,我都觉得很自豪。"

因为有了之前暑假工的人缘基础,兼职期间老板对她的评价还不错,再加上周末生意比较忙,通过与老板协商后,她决定利用每个周末两天时间在店兼职打工。周末两天的兼职时间是小邱收入来源的关键。"虽然目前的兼职工作与专业的关系不是很大,但是通过兼职劳动进一步了解了社会,提升了适应社会的能力,同时也可以锻炼自己的人际沟通能力、工作服务态度和为人处世的能力。"小邱说。有时候店里暂时不需要兼职时,她就通过身边的朋友或同学介绍,另寻其他的兼职实践,餐厅服务员、商场派传单、会演工作人员……什么都做过。

经过一年的努力,品学兼优的她,在班上的学习成绩名列前茅,她通过自己的努力不仅获得了国家助学金,而且还获得国家励志奖学金。更值得自豪的是在2020年11月的高职高专工科类专场招聘会上,她成功应聘上了大型企业的电子专业方面的岗位。

分析: 习近平总书记曾强调:"要在学生中弘扬劳动精神,教育引导学生崇尚劳动、尊重劳动，懂得劳动最光荣、劳动最崇高、劳动最伟大、劳动最美丽的道理"，长大后能够辛勤劳动、诚实劳动、创造性劳动。小邱同学除了"德智体美"之外，还通过自己校内校外的"劳"，用自己的双手勤工俭学、用自己的双手挥洒劳动的汗水、体味劳动的艰辛，收获劳动的快乐，理解劳动的内涵。在小邱的身上，我们也可以看到爱劳动、会劳动不仅不会耽误学习，反而能够促进学习，有助于学生全面综合素质的发展，培养勤俭、奋斗、创新、奉献的劳动精神，这也是她能成功应聘上企业岗位的原因。

思考： 习近平总书记曾在同知识分子劳动模范青年代表座谈时指出："人类是劳动创造的，社会是劳动创造的。劳动没有高低贵贱之分，任何一份职业都很光荣"。但是在我们的现实生活中，有些同学认为勤工俭学，会受到其他同学的歧视；甚至有些同学认为勤工俭学，不仅丢脸，而且还会影响学业。同学们，回顾小邱的勤工俭学之路，我们从中学到了什么呢？她的成功求职之路又告诉了我们什么呢？

勤工助学（或勤工俭学），指学生在学校的组织下利用课余时间，通过劳动取得合法报酬，用于改善学习和生活条件的实践活动，是学校资助学生工作的重要组成部分，也是提高学生综合素质和资助家庭经济困难学生的有效途径。

一、勤工助学的意义

1. 勤工助学可以获得一定的报酬

这是勤工助学最直接的现实意义，也是对贫困学生最为有效的经济支持。虽然勤工助学的收入不是很高，但是一方面能够最大程度地保证自己的学业，另一方面也避免了在校外上当受骗的可能，对学生的工作性质、安全都有一定的保障，是许多贫困学生的首选。

2. 勤工助学是锻炼当代学生思想品格的重要途径

当下学生普遍害怕吃苦，缺乏服务精神和团队意识，责任意识不强，且对父母有依赖思想。因此，参加勤工助学工作能够让我们感受到生活的艰辛，体会到自立自强的真正内涵，帮助我们树立自信心，培养服务精神和责任意识。在团队中学会面对激烈的竞争，提高我们的心理承受能力，培养危机意识。与此同时，勤工助学能够培养我们的自我约束能力、劳动意识和职业道德。

模块 5 社会服务劳动实践

3. 勤工助学有利于提高我们的综合能力，为我们将来走向社会打下基础

目前，"就业难"已经成为全社会关注的话题。现在多数学生缺乏动手能力，普遍认为在校期间只要把该学的功课学好就够了，至于工作实践是毕业之后的事情。但是从近几年的就业现状来看，用人单位普遍青睐有工作经验的毕业生。这不是因为在他们的简历中多了一行工作经历，而是因为他们在长期的工作中积累了丰富的经验。通过勤工助学，我们可提前接触社会，了解社会规则，调整自己的预期，改进自身不足，契合社会需求，团队意识、自律能力、心理素质明显提升，社会适应能力显著提高。另外，通过勤工助学，学生的学习能力和专业素质也得到了提升，可以把学到的专业知识很好地运用到实践中去，边学习边实践。勤工助学不仅可以让学生的专业知识更扎实与稳健，同时还可以从专业出发去扩展专业相应的特长，增加个人能力。

4. 勤工助学促进了学生就业

勤工助学能够不断提升学生的管理组织能力和待人处事能力，使学生的职业素质和职业能力全方位提升，帮助学生储备优质就业和自主创业所需要的身心素质和技能。

对当前的学生而言，勤工助学是他们从学校向职场过渡的一个重要的中间环节，不仅能够帮助贫困学生完成学业，对学生的工作能力、思想品德等方面更有着积极的意义。学生在校期间应积极参与学校勤工助学的各类活动，为将来走出校园，进入职场打下坚实的基础。

案例分析

阳光男孩，胸怀大志，坚定信念，俭学成才

胡扬是一位来自云南省昭通市大关县的阳光男孩，他毕业于东莞市某职业学校，学习的是平面媒体印制技术。

2017年9月，胡扬从云南昭通来到陌生城市东莞，开始了异乡学习生涯。在校期间，他通过自己的不懈努力，考取了专业对应的相关证书，如计算机PS证、AI证以及计算机初级证书等。因专业成绩突出，2019年胡扬还被选拔进入艺术传媒工作室学习。在工作室期间，他参加千扣主题设计习作会展，并取得第二名的优异成绩。在校期间，他积极参加学校组织的各类活动，在职业素养月比赛活动中获得职业礼仪展示第一名，在学校其他文体活动中更是表现优秀，多次受到学校表彰。

因为家境不宽裕，父母务农，兄弟姐妹多，没有固定经济来源，胡扬经常会因为承担不起学费、生活费而倍感困苦，他主动找到学校相关部门，参与了学校组织的各种勤工俭学活动，业余时间还参加了跆拳道社团。在跆拳道社团钟教练的正确引领和耐心指导下，他的跆拳道之梦由此启航并小有成就。通过学校的社团活动，他第一次听说和接触跆拳道，尽管自己完全没有跆拳道基础，但他却克服了一个又一个困难，越挫越勇，越做越好。后来，他发现自己真的喜欢上了跆拳道，于是拼命艰苦训练，几个月后就锻炼成为蓝带，并担任了学校跆拳道队队长一职。

除了周一至周五在学校训练外，周末他还去外面的道馆训练。功夫不负有心人，胡扬同学不仅考取了跆拳道黑带一段证书，还参加了国家品势队黄京胜培训班并顺利结业，还参加了碧权联盟第四届研修班并顺利结业。2018年，他调任碧权跆拳道联盟总部担任教练。

2018年12月，胡扬带领学员参加东莞市跆拳道锦标赛，获得12金4银8铜的优异成绩。2019年，他参加广东省跆拳道联赛并获得季军。2020年，他参加了品势训练营并顺利结业，参加了京英猛士竞技培训班并顺利结业，参加了广东省跆拳道比赛获得青年组个人冠军、混双冠军、团体冠军（品势三连冠）。

胡扬对跆拳道的热爱与付出，得到了钟教练的认可。钟教练邀请胡扬在他的跆拳道馆进行顶岗实习。

毕业后，胡扬留在跆拳道馆，担任了跆拳道主教练一职。他表示，自己虽然不是最优秀的学生，但绝对是一个懂得感恩的人。他用实践和行动不断提高完善自己，成为云南来莞学习的学生的楷模。他在一步步实现着自己的目标，兑现着自己的承诺，提升着人生的价值。

学无止境，他依然在奋斗、追梦的路上，不安于现状，继续勇往直前。他表示会在学好专业的基础上，继续在自己所喜爱的跆拳道领域打出一番新天地。

胡扬同学正是在习近平新时代中国特色社会主义的阳光照耀下，走上了一条俭学成才的阳光大道。他坚信，梦想一定能够实现，而且就在不远处。

分析： 得益于国家的扶贫政策，胡扬同学有幸从云南昭通来到东莞市求学，有机会享受到先进发达城市的优质教育资源，接触到人生路上的良师益友。他家穷志坚，在校期间积极参加勤工俭学、投身社团活动。他知恩感恩，一直都在努力做最好的自己，让别人刮目相看。他用自己的实际行动为自己的人生角色转换翻开新的篇章。相信在国家的精准扶贫教育政策的带领下，越来越多的胡扬们实现了自己的职场愿望，实现了人生的华丽转身。

模块 ❺ 社会服务劳动实践

二、勤工助学的岗位要求

1. 勤工助学实现了劳务型和智力型相结合

现在，很多学校正在力促勤工助学劳务型和智力型相结合，实现内容的多层次化。这主要是结合学生的年级和专业特点，充分发挥学生的知识和技能，开拓智力型勤工岗位，勤工岗位逐渐向服务型方向发展，对于不同阶段、不同需求的学生进行协调安排。因为相对智力型的工作而言，基层的服务型工作不仅一样可以培养学生待人接物的能力，学会人际沟通，还有助于学生更好地了解社会、适应社会，排除很多学生存在的眼高手低的问题，且这类工作一般要求较低，有较大需求量，适用于中职学生。

2. 勤工助学岗位设置及要求

校内岗位包括学校各类机构的办公室助理、技术助理、图书馆工作人员、校内会议临时工作人员以及一些学生机构的岗位。校外岗位主要包括展会翻译、员工培训、商场导购等。家教岗位，提供家教兼职机会，包括学生家教、成人家教、班教等。

目前，勤工助学模式由传统型向创业型转变，是学校资助工作的内在要求和必然趋势。创业型勤工助学模式是指学校提供资金、场地支持，专业教师提供指导，通过校企合作，创建以学生为主体，由学生自主经营管理的勤工助学实体。学生既能通过创造性的劳动获取一定的报酬，同时还能参加专业实习和创业实践活动，提升专业技能和综合实践能力。创业型勤工助学能让学生潜移默化地接受创新创业教育，形成"学生主导、教师指导、学生参与"的勤工助学与创业实践相结合的运行模式，推动资助形式的多样化发展，形成"资助—自助—助人"的良性循环，实现学校勤工助学的育人功能。

3. 勤工助学岗位应聘技巧

对于勤工助学岗位应聘学生应该做好充分准备，根据岗位说明书准备佐证材料。递交书面申请后，及时询问确认面试时间。面试中涉及的常见问题如下：在校期间的学习情况，如专业排名、获得的奖学金、学习紧张程度、空余时间、兼职经历等。学生要根据这些基本问题做好充分的准备，对招聘人员的问题尽量回答，对于自己应聘的岗位谈出认知。其次，在着装和文明礼貌方面还要精心准备，增加印象分。在语言表达方面，不要使用口头禅，在自我介绍时就要突出自己的特点。

你或你身边的人是否参加过勤工助学活动？请和同学分享你或他（她）的经历和收获。

5.2 社区劳动与志愿服务实践

学习目标

1. 了解社区劳动。
2. 能够积极参加社区志愿服务。

导入

聚家电技术于协会 献爱心服务于社会

肇庆市工业贸易学校家电协会是一个实用技术性、公益性和实践性相结合的学生社团组织。成立于1995年，协会成员是由具有电子电工基础、热衷于志愿服务、有奉献精神的同学组成的，在校团委的指导下独立开展工作。从2006年开始，家电协会多次荣获省、市级的奖项和荣誉称号。特别是2015年，家电协会被团省委、省学联评为2014-2015年度广东省优秀学生社团。还在广东省"百系列"学校德育优秀成果展示活动中，荣获"实践育人"系列"百项优秀校外教育成果"展示活动三等奖。

尽管家电协会取得了许多荣誉奖项，但是各个成员并没有骄傲自满，而是更加脚踏实地地学习技术，提升技能。家电协会现任指导老师邱坚文说："职业教育的目标离不开职业技能，但又不能仅限于此。一技在身，除满足自身的生存发展需要之外，还应该提升学生的家国情怀、社会关爱和人格修养。单凭课堂上的知识讲练、实训课上有限的操作练习，并不足以最大限度地提升学生的技能操作水平，同时，也难以检验学生技能的社会价值。为此，在培养学生的过程中，学校应不断地寻求各种途径以增加学生的社会实践机会，完成从自我实现到服务社会的升华。而我校的家电协会就是这么一个提升协会成员技术水平，增强劳动精神、劳模精神、工匠精神和社会服务意识的实践平台。"

其实，家电协会在成为品牌协会之前，也有过一段曲折的历史。1995年协会成立伊始，无论是基础设施还是指导培训条件都比较艰苦。第一届协会成员只有10人，当时在宣传家电协会招收成员时，学生们问得最多的问题就是"加入协会要做什么？"当听到下课后还要集中义务动手修理各种家电时，很多同学都打起了退堂鼓。

不过，当时的指导老师和10名同学毫不气馁，共同商讨对策，决定先从培训入手。指导老师定期对新成员进行严格的培训，培训的内容有各种常用电子元器外形认识、好坏的测量；各种常用电路工作原理；各种家用电器工作原理及维修方法等。通过这些培训，大大提高了同学们对电子元器工作原理的了解以及家用电器维修能力，为外出开展志愿服务活动打下了坚实的基础。

在家电协会成立之初，在学校的支持下，家电协会首先在校园内定期开设校园服务长廊，义务为师生提供维修服务，包括各类手电筒、台灯、小风扇、耳机、充电器、吹风机等。通过开展这样的活动，成员充分利用自己的专业知识和技能，为全校师生服务，而且还可以检验平时的学习成果，锻炼自己的动手能力，同时也为外出维修打下坚实的基础。

经过一年多的磨合与努力，家电协会终于在指导教师的带领下，克服重重困难，获得了周末到城区街道和社区开展便民服务活动的机会。从此，家电协会每年都坚持去社区或乡镇开展义务维修活动，最高时达到一年20场。经过不懈的努力，家电协会的规模也在发展中不断壮大，社会赞誉与日俱增。2007年5月，终于迎来了他们的第一个集体荣誉：2006年度肇庆市"优秀学生社团"。此后，更是获奖无数。

现在，家电协会志愿服务活动已经进入了"常态化""规范化"阶段，形成了"工贸雷锋岗"品牌活动。协会在每学期初期都会制定相关计划，提前联系开展活动的街道办、社区，定好时间，做好宣传，准备好各类维修工具与材料，在社区为居民提供各类家用电器的维修服务。本着暑期"三下乡"社会实践活动"受教育、长才干、做贡献"的宗旨，坚持"科技下乡，便民利民"的理念，学校还利用暑期组织家电协会各成员开展送科技下乡活动，反响热烈。

分析：作为中职学校的学生社团，家电协会秉承"聚家电技术于协会，献爱心服务于社会"的服务宗旨，坚持"巩固理论、学以致用、服务他人、增长才干"的活动原则，注重在活动中锻炼能力，在服务中增长才干，在奉献中提高品位，为文明城市和文明校园建设做出了积极贡献。

"工贸雷锋岗"品牌活动涵盖了"校园免费维修""社区便民服务""乡镇科技下乡"等基本内容，依靠家电协会成员学到的专业知识和技能，全心全意为广大师生和群众提供免费服务，解决了广大师生和群众使用家用电器方面的问题，并宣传和普及了电子方面的知识，提供了技术方面的咨询，体现了职业教育的价值和特色。如果没有一技之长，就难以服务社会。

相信在这个志愿服务品牌社团的影响下，会有越来越多的青年学子加入社区志愿服务的行列中来，用实际行动践行志愿服务精神、劳动精神、劳模精神和工匠精神。

思考： 中职学生应该如何将劳动精神、劳模精神和工匠精神融入职业人格和职业技能培养之中，并体现在志愿服务和社会实践之中，不断提高家国情怀、社会关爱和人格修养，努力成为德智体美劳全面发展的新时代社会主义建设者和接班人？

一、社区劳动

社区服务作为青少年学生社会实践活动的重要组成部分和"志愿者"服务活动的重要形式，已经成为当前我国学校的一种常态。它为青少年学生了解社会、拓展素质、发挥文化知识优势提供了一个良好的平台，是培养和提高青少年社会责任感，促进青少年成长成才的重要途径。同时对社区日常管理建设、文化氛围的提高也有一定的促进作用。

青少年学生通常以志愿者或社工身份参与社区劳动，劳动的内容一般为打扫卫生、服务老人小孩、提供技术服务、科普宣传、文艺宣传、健康宣传、安全保障等。

耆乐融融下午茶
——依托志愿服务，践行劳动教育

一个阳光明媚的周末，梁銶琚职校烹饪专业的同学们又开始了新一期的"耆乐下午茶聚"活动。

一大早，采购组的同学们在驻校社工的带领下，到超市按照清单采购所需原料，为下午茶聚准备新鲜的食材。

烹调组的同学拿到食材后，就在专业老师的指导下进行菜品的制作。大家各司其职：洗菜、切菜、烹调、摆盘……一切井然有序。这一次，同学们制作了药膳鸡脚、杯子蛋糕、原味曲奇饼、蔓越莓曲奇饼、酿豆腐5道菜品，药膳鸡脚中的鸡爪充分吸收了药膳的营养，长时间的煲制使得鸡爪极易入口食用。曲奇饼口味香甜，酥脆可口，而添加了蔓越莓的曲奇饼更充分化解了那份油腻。杯子蛋糕香甜松软，酿豆腐口感丰富。5个菜各有特色，交相辉应，营养健康，更符合老人们的需求。

制作菜品

在制作菜品的同时,服务组的同学们已提前到达顺德大门社区敬老院的会场进行清洁和布置场地。

打扫场地

一切准备就绪,本次活动的主角——敬老院的长者们来到会场,活动正式开始。本次活动分为四个部分。

第一部分是蓑衣表演。同学们向老人们展示他们的烹饪刀工技术,老人们纷纷上前观赏,发出了惊叹的声音,还一起研究"蓑衣"是如何切出来的。

蓑衣表演

第二部分是美食竞猜。同学们给一些提示让老人们猜一道美食，老人们都很积极的举手回答问题，大家"耆乐融融"。

第三部分是美食品尝。老人们品尝着美食，不断称赞这次的食物十分好吃，比之前进步了很多，还和同学们像家人一样茶话聊天，同学们也被老人们的热情积极向上的情绪所带动，一起笑，一起玩，一起享用美食，一起拍照。

品尝美食

第四部分是唱歌环节。一些老人代表在台上表演，同学们在下面为他们拍手鼓掌，整个场面都很温馨快乐，就像《房间》里的歌词一样："我们在同一个屋檐下，写着属于我们未来的诗篇，在这温暖的房间，我们都笑得很甜"。

志愿者与老人们拍照留念

以上只是"耆乐下午茶聚"众多活动中的一次活动的剪影。从2015年开始，每个月都能在顺德大门社区敬老院看到这些录校"小黄人"的身影。

"耆乐下午茶聚"是由佛山市顺德区梁銶琚职业技术学校烹饪专业的学生发起的义工服务项目。在学校德育处的指导和驻校社工的带领下，由烹饪专业老师作为指导老师，烹饪班的同学运用专业技能，以茶话会形式为社区长者制作美食，向长者们介绍健康饮食的知识，关心他们的生活状况，实现青年与老人共融，达到双向增能。

分析： 劳动教育内容不仅是服务自己，而且还需要服务他人、服务社会。这种服务意识和技能需要在教育实践中不断培养。学生通过参与社会志愿服务，能更好地了解和关注社会，提高个人的综合素养和能力。

在"耆乐下午茶聚"这个项目中，一批批的梁銶琚职校烹饪专业的同学用烹饪技能服务社区长者群体，帮助缓解社区长者在社区中的孤独感与焦虑感，让社会关注这些年老的人群，而同学们也通过这个项目加强自己的烹饪技能，培养了公民爱心意识、社会参与意识。

思考： 你曾参加过哪些社区劳动或志愿服务？在这些活动中，你的收获是什么？

二、志愿服务

志愿服务，是志愿者组织、志愿者服务社会公众生产生活和促进社会发展进步的行为。或者说，志愿服务是指任何人志愿贡献个人的时间及精力，在不为任何物质报酬的情况下，为改善社会，促进社会进步而提供的服务。志愿服务的范围主要包括：扶贫开发、社区建设、环境保护、大型赛会、应急救助、海外服务等。志愿服务的功能有：社会动员、社会保障、社会整合、社会教化、促进社会和谐、促进社会进步。

知识窗

中国注册志愿者

注册志愿者是指按照《中国注册志愿者管理办法》规定的程序，在共青团组织及其授权的志愿者组织注册登记、参加服务活动的志愿者。注册志愿者需登录中国青年志愿者网（http://www.zgzyz.org.cn/）按要求进行注册，注册志愿者标志（通称"心手标"）的整体构图为心的造型，又是英文"Volunteer"的第一个字母"V"（红色），图案中央是手的造型，也是鸽子的造型（白色），寓意为中国志愿者向社会上所有需要帮助的人们奉献一片爱心，伸出友爱之手，表达"爱心献社会，真情暖人心"和"团结互助、共创和谐"的主题。每年3月5日是中国青年志愿者服务日，12月5日是国际志愿者日。

志愿者标志

开展青年志愿者行动,一定要坚持自愿参加、量力而行、讲求实效、持之以恒的原则。

1. 自愿参加

主要是强调参加青年志愿服务的自觉性。自愿参加是青年志愿者行动的主要特征之一,也是开展青年志愿服务活动的前提。对于参加者而言,青年志愿者行动的魅力就在于它变"要我参加"为"我要参加",充分尊重青年的主体地位,注重调动青年自身的积极性、主动性。

2. 量力而行

就是要根据自己人力、物力、财力条件允许的程度来开展工作。首先,志愿服务一定要从实际出发,把主观愿望和客观实际结合起来,把社会需求和服务能力结合起来,实事求是,量力而行,不搞一刀切。其次,要分清什么是现在能做到的,什么是下一步才能做到的,什么是将来才能做到的,还有什么是做不到的。要循序渐进,逐步发展,切不可操之过急,否则欲速则不达。

3. 讲求实效

首先就是要办实事。青年志愿者行动的出发点和立足点,就是要上为政府分忧,下为群众解难,为社会、为群众办实事。其次是要抓落实。青年志愿服务只有落实到基层,落实到具体人、具体事,真正成为基层广大青年的经常行为,才有生命力和发展前途。再次是求实效。求实效的集中表现就是在实践中使社会和群众体验及享受到志愿服务的成效。办实事、抓落实、求实效三者缺一不可。

4. 持之以恒

青年志愿服务要做到经常化、长期化。青年志愿者行动是一项跨世纪事业,必须以办事业的精神和方法来推进。开展志愿服务活动必须与建立多层次社会保障体系结合起来,必须着眼于建立有中国特色的青年志愿服务体系,必须建立必要的机制以保障青年志愿者行动经常化、长期化、规范化、制度化。要健全组织,稳定队伍,建立基金,制定规章,形成机制,坚持长久。要保持工作和人员的相对稳定性和连续性。

"义工100" 课程：点亮学生的心中的爱

顺德"侨力资源"丰厚，旅港乡贤李伟强先生捐资兴学、泽被乡里，以先生名讳命名的李伟强职业技术学校践行志愿精神，将善行传承、培养全面发展的中职学生成为学校的责任与使命。2013年，李伟强职业技术学校开发实施了"义工100"德育校本课程，以"体验教育"为主导，强调全身心参与，引导学生全面发展，努力践行社会主义核心价值观，传承顺德"侨乡助学"公益基因，将学校建设成为公益服务型学校。

义工100主题公园"至善园"落成

学校获首批"广东省中学生志愿服务示范校"荣誉

"义工100"德育校本课程的内涵是"全员参与100%、用心服务100%、服务满意100%、服务时数达100。"内涵引领、培育学生践行社会主义核心价值观。课程包含"通识-专业-实践"3轮动课程，以做好学生志愿者的培训，促进成长；搭建"班-部-校-社"4级架构，成立班级、专业部、学校志愿服务队，链接社会资源，在"专业志愿工作室"、"校社共建联盟"、"社工融合"等项目中实现资源共享、人才共育；"义工100"主题园地成为展示志愿精神的实体文化教育平台。4表2证（通知表、记录表、反馈表、心得体会表，登记证、服务证）的实施机制，组织架构、师资提升、资源融合的保障机制，"生师校社"评价机制，星级认定、嘉许表彰的激励机制，确保志愿服务课程常态、高效、系统化推进，助力学生成为阳光自信、进取担当的新时代中职生。

《义工通识校内读本》等校本教材

《义路风铃》校内义工专刊　　　广东省课题立项

"校社共建学雷锋，志愿同行中国梦。"为了进一步加强青少年思想道德建设和社区精神文明建设，真正实现学校、社区资源共享，优势互补，共同提升学校和社区的文明程度，培养学生良好的社会公德意识、服务意识和社会实践能力，推进社区文明建设，共同营造良好的社会环境。2016年11月，李伟强职校与大良街道的顺峰、中区、府又等21各社区签订了"校社共建联盟"协议，充分利用社区优势，形成以学校为主体，社区、居委会互动为网络，学校、社区、家庭共同参与为依托的校社共建新格局，进一步优化育人环境，真正实现了开放性办学。"校社共建联盟"项目自启动以来，学校团委、义工协会联合各社区积极为学生们提供社会实践的平台，每年近60余次的各类活动，让学生在社会服务中完善了人格，锻炼了专业技能，让社会丰富的资源成为学生成长所必需的养分，在奉献爱心的同时，不断提升自我，获得成长。

"校社共建联盟"项目启动仪式

签订"校社共建联盟"协议

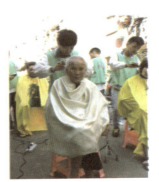

学生为社区老人义务剪发

模块 ⑤ 社会服务劳动实践

"义工100"德育校本课程将中职学校德育环境从封闭引向开放,改变传统德育模式,以公益引领德育,关注学生的自主体验和自我教育,有效推进"立德树人",形成基于志愿服务课程的德育新模式。李伟强职业技术学校被顺德区团委以"义工100"德育校本课程为样板,评为"顺德区志愿服务课程推广单位",并辐射全区中学。获省市区荣誉50余项,7年累计有5 180名学生参与志愿服务,每年义工时数超10万小时。曾获省重点项目扶持资金130 000元;受邀在省内外介绍经验40余次,有30余所学校来校取经。该校省课题《基于公益与法制实践的普遍出彩德育研究》成功立项;课程案例选入《广东省中职生文明公约学习读本》、广东中职德育文库《特色与品牌——广东中职德育的创新实践》中。人民日报、南方日报等10余家媒体进行了报道。

学校获评首批"广东省中学生志愿服务示范校",并首批获得佛山市中学共青团赖明霞名师工作室挂牌。"义工100"社团荣获广东省十佳社团,志愿者们用微笑诠释服务,用奉献书写华章,把志愿服务变成了校园新风尚。

首批佛山市中学共青团名师工作室挂牌

到敬老院慰问老人

师生志愿者为居民义务维修家电

思考:我们应该如何在学校发展志愿服务劳动?

履步不停　志愿同行

林俊是中职学校电商专业二年级的学生,在学校担任义工总队长一职。他非常注重个人能力的培养,学校的义工活动他从不缺席,积极地投身于志愿服务活动中,希望通过他的行动带动更多的人参与到志愿服务活动中。

入学前的林俊对义工几乎一无所知,直到当他成为义工,并成长为义工总队长后,他才明白,义工不单只是老师布置的任务,义工是为了帮助更多的人,用自己的爱心、能力、时间,去帮助他人。通过做义工不但可以学到更多的东西,在帮助他人的同时,自己也会很开心。同时还可以带动更多的人参加志愿服务活动，带动更多的人为创建美好顺德出一份力。

让林俊同学印象最深的一次义工活动，是中区社区的换届选举志愿服务活动。那天的温度很低，一大早天还没亮，同学们就整整齐齐地在校门口集合了。当天的风都是刺骨的，同学们坐着大巴到达各自投票点，大部分投票点只是一个小小的帐篷，完全不挡风，而他们当天的工作是负责为居民们写好选票，并且帮他们投进投票箱。

每来一位居民，都无比地感慨，即使手已经冻僵，志愿者们也会用心地写好每张选票。一张票有10个名字，一个居民好几张票，志愿者们没有半句怨言，埋头苦干，没有出现丝毫差错。通过志愿者的努力，社区的换届选举志愿服务活动得以顺顺利利地开展。

林俊同学经常说，感谢学校给他提供了这么好的平台让他得到锻炼，让他结识了更多的人，因为义工这个平台他的朋友开始变多，生活也变得更加丰富多彩。同时还学会了很多书本上学不到的知识，比如如何带领一支队伍做事不要慌张，凡事要冷静处理。通过这个平台，他慢慢地变得更加乐于与他人沟通，乐于帮助他人，更让他明白了每一个人在社会中都是不可或缺的一分子。

在参加了多次志愿服务活动后，林俊同学明白，志愿服务活动不单只是为了服务他人，更是为了服务社会，为社会添加一份色彩，贡献出自己的一份力，使我们生活得更加丰富多彩。希望更多的人能参与到志愿服务活动中来，一起构建和谐社会，共创美好顺德，做祖国坚实的后盾，为祖国的未来和发展，贡献出属于自己的一份力，完成中华民族的伟大复兴的任务，共创祖国的美好未来。

分析： 响应习近平总书记关于推进志愿服务制度化常态化的号召，对接教育部印发《中小学德育工作指南》的活动、实践、协同育人途径，李伟强职校以"义工100"德育校本课程为有效载体，推进"立德树人"总体目标，践行社会主义核心价值观。

林俊作为一名职中生，在校期间积极带领学生参与志愿服务活动，他用自己的实际行动诠释了"奉献、友爱、互助、进步"的志愿者精神，相信在他的带动和引领下，会有越来越多的青年投身志愿服务热潮中，实现公益育人、工匠育能。

思考： 作为一名新时代的中职学生，你知道可以通过哪些方式和平台参与志愿服务活动吗？

模块 ❺ 社会服务劳动实践

拓展训练

根据自己对社区服务和志愿服务的了解，调研在学校能接触到的社区志愿服务有哪些，自己参与过哪些志愿服务活动，自己所学的专业对志愿服务是否有帮助，自己在志愿服务中获得了哪些进步？

5.3 创新创业劳动实践

学习目标

1. 了解创新和创造的含义。
2. 了解创业的常见模式，并能够在学校积极参与创新创业教育活动。

导入

劳动最幸福，创业急先锋

创新是民族之魂，是时代主题；创业是发展之基，是富民之本。2014 年国家提出大众创新，万众创业的号召后，毕业于河源市某职业中学的游智警的心中一直有一个"电子创业梦"，在校期间，学校图书馆墙上"劳动光荣、技能宝贵、创造伟大"的标语，一直点燃着他心中的那团火，凭借着扎实的专业技能和埋头苦干、吃苦耐劳的劳动精神，他参加了河源市第十届、第十一届和广东省电子产品装配技能竞赛，荣获了团体第一名和省二等奖的好成绩，同时被评为河源市和广东省"三好学生"荣誉称号。

毕业后，由于学习成绩优秀，游智警不仅受到了河源市广播电视台的宣传采访，而且还被惠州海格科技有限公司破格录取，担任三星手机维修部的高级维修工。在企业工作期间，他每天起早贪黑，一方面苦练本领、攻坚克难，学习更多的新技能新技术；另一方面熟悉公司的产线生产管理与业务管理模式基础，原本想着就这样在企业干下去了……

2016 年，在得知河源市创建创新创业孵化基地，鼓励青年和大学生创业时，曾经坚守自己对电子行业的热爱和执着的他，毅然辞去了稳定的工作，回到河源本地创业。

游智警向孵化基地递交了申请书，却碰了一鼻子灰，但这没有打消他创业的念头。

"初生牛犊不怕虎"，在创业之初，他的加工厂无牌无证，厂房是租用的 $30m^2$ 的民房，工人是几个当地的家庭散工阿姨，接到的第一单是纯手工的手机耳机焊接小生意。经过一段时间的经营，他举步维艰，面临破产，他意识到了业务衔接的重要性。在创业的低谷期，他寻求昔日竞赛指导老师的帮助，指导老师为他介绍了半加工的玩具生意。游智警一方面动员自己曾经的同学为他管理；另一方面他到高新区各家电子企业走访，寻找客户、寻求订单，在这个过程中，哪怕吃了多少闭门羹，走破多少鞋，都没有动摇他最初的梦想。"青春是用来奋斗的，出来创业就会意料到艰辛，只要勇于担当，不负韶华，保持不怕输、不怕累、不怕苦的创业精神，相信总有一天会成功。"游智警说。

所谓"不惰者，众善之师也"，功夫不负有心人，慢慢地，他的订单从河源本地拓展到了惠州、东莞、深圳等地，挣到了人生第一桶金，业务和客户也逐渐增多，员工由原来的七八个人发展到了50多人。但他仍面临着厂房和未来发展的问题，2018年，他通过相关途径再次向孵化基地递交了创业申请书，注册了河源宇成电子有限公司，并得到了孵化基地的创业资金扶持，同时租用了一栋厂房加工产品。随着业务的增加，他没有满足于现状，而是始终克服手工加工行业的弊端和瓶颈。为了进一步提高产能，让机器代替人工，他果断引进了SMT自动化生产线，引进技术人才，让厂里的员工摆脱传统的手工业，走上技术傍身的道路……"现在公司的业务订单逐步走上正轨，下一步的工作计划是如何开发自己的产品，无论前方的道路多么曲折和困难，只要艰苦奋斗、勇于创新，在危机中育先机，于变局中开新局，就一定能够跟得上时代潮流，闯出一片新天地。"游智警踌躇满志地说。

分析： 习近平总书记曾指出："一切劳动者只要肯学肯干肯钻研，练就一身真本领，掌握一手好技术，就能立足岗位成长成才，就能在劳动中发现广阔天地，在劳动中体现价值、展现风采、感受快乐。"游智警作为一名中职学校的毕业生，他用智慧和汗水营造了劳动光荣、知识崇高、技能宝贵、创造伟大的创业梦想，用自己的双手诠释了劳动是幸福的源泉，用自己的智慧诠释了创业是发展的动力，用自己的行动开启新征程，扬帆再起航。

思考： 国家鼓励和支持年轻一代创新创业，作为职业学校的学生，我们从游智警身上学到了什么？作为新时代年青一代的职业人，如何使自己成为有理想、守信念、懂技术、会创新、勇创业、敢担当的追梦人？

一、创新和创造的概述

创新是指以现有的思维模式提出有别于常规或常人思路的见解为导向，利用现有的知识和物质，在特定的环境中，本着理想化需要或为满足社会需求，而改进或创造新的事物、方法、元素、路径、环境，并能获得一定有益效果的行为。

创造是指将两个或两个以上概念或事物按一定方式联系起来，主观地制造客观上能被人普遍接受的事物，以达到某种目的的行为。简单地说，创造就是把以前没有的事物生产出来或者创造出来。因此，创造的最大特点是有意识地对世界进行探索性劳动。

二、创新创业概述

创新创业是指基于技术创新、产品创新、品牌创新、服务创新、商业模式创新、管理创新、组织创新、市场创新、渠道创新等方面的某一点或几点创新而进行的创业活动。创新是创新创业的特质，创业是创新创业的目标。创新强调的是开拓性与原创性，而创业强调的是通过实际行动获取利益的行为。因此，在"创新创业"这一概念中，创新是创业的基础和前提，创业是创新的体现和延伸。

常见的创业模式

1. 网络创业

网络创业主要有两种形式：网上开店，在网上注册成立网络商店；网上加盟，以某个电子商务网站门店的形式经营，利用母体网站的货源和销售渠道。

2. 加盟创业

分享品牌金矿，分享经营诀窍，分享资源支持，采取直营、委托加盟、特许加盟等形式连锁加盟。

3. 兼职创业

即在工作之余再创业。

4. 内部创业

内部创业指的是在企业公司的支持下,有创业想法的员工承担公司内部的部分项目或业务,并且和企业共同分享劳动成果的创业模式。

5. 团队创业

具有互补性或者有共同兴趣的成员组成团队进行创业。

6. 创新创业大赛

目前,创新创业大赛,如"互联网+""挑战杯"等,都为学生创业者提供了锻炼能力的机会和舞台。

7. 概念创业

即凭借创意、点子、想法创业。概念创业必须标新立异,至少在打算进入的行业或领域是个创举。只有这样,才能抢占市场先机,才能吸引风险投资商的眼球。

做好劳动教育和创新创业教育统筹,可以从以下四个方面切入。

1. 正确认识和把握劳动教育与创新创业教育的辩证关系

推进劳动教育是教育改革发展的战略主题,创新创业教育与劳动教育在本质上是一致的。同时,创新创业教育以劳动教育为基础,是实施全民创新的有效策略,创新创业教育是劳动教育的更高层次。

2. 有必要将劳动教育引入到创新创业教育中

劳动教育是创新创业教育的基础。如果学生没掌握基本动手技能,就不能熟悉工具的使用,不能自给自足地创造基本创新活动的环境,更不能充分发挥自身的主观能动性。也就是说缺乏动手技能培训的创新创业教育是不完整的。

3. 劳动教育应该充分利用课余时间

劳动教育是课内外一体化培养的另一种表现形式,充分利用学生的课余时间进行培训,实现课内外一体化培养,有利于创新创业教育的开展。

4. 充分发挥学生社团作用开展劳动教育

学生社团是学生的自发组织。在社团学习的内容可以作为课堂的补充。社团学生自发学习,彼此互助,不但可以避免沉迷网络,还可以开展实质性的劳动教育。

如果毕业后，你成为一名一线技术工人，你认为你能在自己的岗位上做出哪些创造性劳动？请填写下表。

我的性格特点	
我的技能优势	
我能开展的创造性劳动	

模块6　生产劳动实践

中职学生从学校毕业进入社会后，将迅速成为我国工业、农业、服务业的各个领域的中坚力量。中职学生的实习是他们走向职业活动之前较为系统的实践锻炼，在某种意义上也可以被视作一种准生产劳动。生产劳动中充斥着各种安全问题，这需要学生提高劳动安全意识，在作业场所能够正确辨识各种危害因素，做到自我管理、自我保护，防止被伤害，提高自身避灾自救能力。职场与校园是截然不同的环境和文化，为了提高学生的职业适应性，需要他们在校期间提前做好相关准备，做好学生角色到职业角色的转换，以便进入职场后能得心应手地展开工作。

6.1　劳动保护和职场安全

学习目标

1. 了解劳动保护的基本内容和目的。
2. 掌握职业安全卫生的基本内容。

导入

五部门联合印发职校生实习规定，杜绝职校"廉价劳动力"

2016年，职校生"被实习"负面新闻频出，"实习补贴缩水一半""被派分拣快递，一天工作10小时报酬10元"……这些行为严重损害了职校生权利，使之沦为"廉价劳动力"。

2016年4月11日，教育部、财政部等五部门联合印发了《职业学校学生实习管理规定》，对实习中的禁止情形作出明确要求：不得安排学生到酒吧、夜总会、歌厅、洗浴中心等营业性娱乐性场所实习；不得通过中介机构或有偿代理组织、安排和管理学生实习工作；不得安排参加实习的女学生从事《女职工劳动保护特别规定》中禁忌从事的劳动；不得安排未满16周岁的学生跟岗实习、顶岗实习等……还首次提出职校生实习报酬底线，为职校生实习撑起保护伞！

有个别学校和地区认识不到位，管理不规范，违规组织学生实习的问题时有发生。2016年11月22日，教育部发文点名通报5所职校违规组织学生顶岗实习，如：陕西交通职业技术学院因监管不力致使实习企业擅自调整实习内容，存在学生劳动时间长，专业不对口，企业未向学生支付相应劳动报酬等问题；广西经济职业学院顶岗实习岗位存在专业不对口情况；西安建设职业学院在实习合同未正式签订的情况下安排学生实习；山东圣翰财贸职业学院实习三方协议未保护学生合法权益，出现顶岗实习学生每天工作10小时等违规条款；兰州外语职业学院违规通过中介机构组织安排学生实习。

教育部表示，五所学校的违规行为，损害了职业学校学生的合法权益，社会影响较大。这些违规行为暴露出长期以来部分职业学校对国家有关管理制度和要求执行不到位，一些学校校长履行实习管理第一责任人职责不到位，一些基层教育行政部门对加强实习管理重视程度不够，监督责任落实不力。

为进一步规范和加强职业学校学生实习管理，防止类似事件再次发生，教育部要求，各职业学校要从上述五所学校的违规行为中吸取深刻教训，举一反三，切实按照《规定》要求，做好学生实习的组织管理工作。

同时，深入开展"实习管理规范活动"。按照《职业院校管理水平提升行动计划(2015—2018年)》要求，各地要在本学期继续深入开展以"实习管理规范活动"为主题的专项治理，推动各校切实改变实习管理松散的状况。

教育部指出，要始终保持治理实习违规问题的高压态势。各地教育行政部门要把治理实习违规问题作为加强职业学校规范管理的重点，对违规行为发现一起、查处一起。

教育部强调，要因地制宜地完善政策措施。针对学生顶岗实习中易出现问题的重点环节，如学生报酬是否合理、专业是否对口、安全防护是否到位、"六不得"是否落实到位等，各地教育行政部门要开展一次深入摸底调研，切实做到心中有数。

一、劳动保护

劳动保护是国家和单位为保护劳动者在劳动生产过程中的安全和健康所采取的立法、组织和技术措施的总称。根据《中华人民共和国宪法》有关规定和"安全第一、预防为主"的方针，各级政府机关、经济管理部门、企事业单位及其管理人员，都必须采取各种组织措施和技术措施，为劳动者提供良好的安全生产环境和劳动生产条件，建立良好的生产秩序，尽量防止生产过程中存在的危险因素或致病因素而使劳动者受到人身伤害，以保障劳动者的利益，激发他们的劳动积极性和创造性，避免人力、财力和物力不应有的损失，保障社会主义现代化建设的顺利进行。

1. 劳动保护的基本内容

（1）劳动保护的立法和监察。主要包括两大方面的内容：①属于生产行政管理的制度，如安全生产责任制度、加班加点审批制度、卫生保健制度、劳保用品发放制度及特殊保护制度；②属于生产技术管理的制度，如设备维修制度、安全操作规程等。

（2）劳动保护的管理与宣传。企业劳动保护工作由安全技术部门负责组织、实施。

（3）安全技术。为了消除生产中引起伤亡事故的潜在因素，保证工人在生产中的安全，在技术上采取各种措施，防止和消除突然事故对于职工安全的威胁问题。

（4）工业卫生。为了改善劳动条件，避免有毒有害物质危害职工健康，防止职业中毒和职业病，在生产中所采取的技术组织措施都属于工业卫生范畴。它主要解决威胁职工健康的问题，实现文明生产。

（5）工作时间的限制和休息时间、休假制度的规定。

（6）女职工与未成年工的特殊保护。不包括劳动权利和劳动报酬等方面内容。

2. 劳动保护的目的

劳动保护的目的是为劳动者创造安全、卫生、舒适的劳动工作条件，消除和预防劳动生产过程中可能发生的伤亡、职业病和急性职业中毒，保障劳动者以健康的劳动力参加社会生产，促进劳动生产率的提高，保证社会主义现代化建设顺利进行。

二、职业安全卫生

职业安全卫生（也称劳动安全卫生），通常是指影响作业场所内员工、临时工、合同工、外来人员和其他人员安全与健康的条件和因素。它是指防止劳动者在职业岗位上发生职业性伤害和健康危害，保护劳动者在劳动过程中的安全与健康，除特种行业（如矿山、核工业等安全卫生）、特种设备（如锅炉、压力容器安全）、特种职业（如军人、公安人员的安全）等以外的各种职业的安全卫生。职业安全包括工作过程中防止机械伤害、触电、中毒、车祸、坠落、塌陷、爆炸、火灾等危及人身安全的事故发生；职业卫生则是指在工作过程中对人身体健康造成危害或引起职业相关病症发生的有毒有害物质的防范。

1. 职业安全卫生教育的基本内容

主要包括思想教育、职业安全卫生技术知识教育和典型事故教育。

（1）思想教育包括思想认识教育和劳动纪律教育。思想认识教育主要是通过职业安全卫生政策、法规方面的教育，提高各级领导和广大职工的政策水平，正确理解职业安全卫生方针，严肃认真地执行职业安全卫生法规，做到不违章指挥，不违章作业；劳动纪律教育主要是使管理人员和职工懂得严格遵守劳动纪律对实现安全生产的重要性，提高遵守劳动纪律的自觉性，保障安全生产。

（2）职业安全卫生技术知识教育包括生产技术知识、基本职业安全卫生技术知识和专业职业安全卫生技术知识。生产技术知识是指企业的基本生产概况、生产技术过程、作业方法或工艺流程、产品的结构性能，所使用的各种机具设备的性能和知识，以及装配、包装、运输、检验等知识。基本职业安全卫生技术知识是指企业内特别危险的设备和区域及其安全防护的基本知识和注意事项；有关电器设备的基本安全知识；有毒、有害的作业防护；一般消防规则；个人防护用品的正确使用，以及伤亡事故的报告办法等。专业职业安全卫生技术知识是指某一特殊工种的职工必须具备的专业职业安全卫生技术知识，包括锅炉、压力容器、电气、焊接、起重机械、防爆、防尘、防毒、瓦斯检验、机动车辆驾驶等专业的安全技术及工业卫生技术知识。

（3）典型事故教育。它是结合本企业或外企业的事故教训进行教育，通过典型事故教育可以使各级领导和职工看到违章行为、违章指挥给人民生命和国家财产造成的损失，提高安全意识，从事故中吸取教训，防止类似事故发生。

2. 职业安全卫生的目的

职业安全卫生的目的是保障劳动者以健康的劳动力参加社会生产，促进劳动生产率的提高，保证社会主义现代化建设顺利进行；职业安全卫生针对的对象是人的防护，而不是环境的保护。

知识窗

劳动保护与员工职业安全卫生分类及防范

伤亡事故和职业病的共同处就是危险、危害因素。

危害是指可能造成人员伤害、职业病、财产损失、作业环境破坏的根源或状态。危险是指特定危险事件发生的可能性与后果的结合。

危险、危害因素是指能对人造成伤亡，对物造成突发性损坏或影响人的身体健康而导致疾病，以及对物造成慢性损坏的因素。

危险、危害因素的区别体现在客体对人体不利作用的特点和作用上。

客观存在的危险、有害物质或能量超过临界值的设备、设施和场所，都可能成为危险因素。

危险因素强调突发性和瞬间性。危害因素则强调一定时间范围内的积累作用。

1. 物理性危险、危害因素

（1）设备、设施缺陷。

（2）防护缺陷。

（3）电危害。

（4）噪声危害。

（5）振动危害。

（6）电磁辐射（电离辐射、非电离辐射）。

（7）运动物危害。

（8）明火。

（9）能造成灼伤的高温物质。

（10）能造成冻伤的低温物质。

（11）粉尘与气溶胶。

（12）作业环境不良。

（13）信号缺陷。

（14）标志缺陷。

（15）其他物理性危险和危害因素。

2. 化学性危险、危害因素

（1）易燃易爆物质——气体、液体、固体、粉尘与气溶胶。

（2）自燃性物质——如钠（Na）、黄磷（P）。

（3）有毒物质——有毒气体、液体、固体、危害因素粉尘与气溶胶。

（4）腐蚀性物质——腐蚀性气体、液体、固体、其他物质。

（5）其他化学性危险、危害因素。

3. 生物性危险、危害因素

（1）致病微生物——细菌、病毒、其他致病微生物。

（2）传染病媒介物。

（3）致害动物。

（4）致害植物。

（5）其他生物性危险、危害因素。

4. 心理、生理性危险、危害因素

（1）负荷超限（体力、听力、视力、其他超负荷超限）。

（2）健康状况异常。

（3）从事禁忌作业。

（4）心理异常——情绪异常、冒险心理、过度紧张、其他心理异常。

（5）辨识功能缺陷——感知延迟、辨识错误、其他辨识功能缺陷。

（6）其他生物性危险、危害因素。

5. 行为性危险、危害因素

（1）指挥错误——指挥失误、违章指挥、其他指挥错误。

（2）操作失误——误操作、违章作业、其他操作失误。

（3）监护失误。

（4）其他错误。

（5）其他行为性危险和有害因素。

拓展训练

利用互联网，查找以下标志和劳动防护用品，将它们的名称填入括号中，并查找、了解其他劳动防护用品。

（　　）

（　　）

（　　）

（　　）

（　　）

（　　）

6.2 实习实训基地劳动实践

学习目标

1. 了解工学交替和现场管理的概念。
2. 掌握7S中各"S"的基本要求和作用。

导入

产教融合——用校企力量共创咖啡飘香

1. 案例简介

乐咖啡产教融合实训实践基地由珠海市第一中等职业学校（以下简称珠海一职）旅游部与珠海蝶恋花咖啡厅合作共建，2019年4月份正式对校内师生开放营业。根据双方签署合作协议，目前咖啡厅运营良好，已成为该校对外接待的一张名片。

2. 乐咖啡工作室运营

由珠海蝶恋花咖啡厅派专业运营团队到校进行指导跟踪，聘请珠海一职15级毕业生高俊担任代理店长一职，手把手教授该同学咖啡厅运营、饮品制作、甜点制作等。同时，该店招募2名17级航空服务专业、高星级饭店运营与管理专业在校生为咖啡厅实习生，承担咖啡制作、服务接待工作。乐咖啡项目的实施开启了学校在校内的第一个实体运营门店，既为学生提供了理实一体化的实践基地，也实现了迅速将学生作品转为劳动产品，为校内师生提供便利餐饮的多赢目的。该项目将企业引进学校，将专业付诸实践，真正实现了职业教育学中做，做中学的理念。

3. 为校企提供专业咖啡培训

乐咖啡项目启动以来，企业为学校咖啡社团提供了两次专业的咖啡技能培训，并邀请雀巢公司到乐咖啡工作室进行授课。同时，校内师生也定期为珠海度假村酒店餐饮水吧提供咖啡培训。

4. 支持社团开展

依托乐咖啡实习实训基地，咖啡社团应运而生，同学们有了真正的能营业的咖啡厅进行实操和服务。咖啡社团除了每天的咖啡制作练习之外，还可以进行咖啡厅的服务接待实习实践。

5. 参加校内外各项展示活动

乐咖啡工作室自成立以来，以咖啡社团学生为主力先后参加了校园技能节、毕业生设计展、2019年国家职教周技能进社区便民服务等多项活动，为现场观众和社区居民提供了视觉、嗅觉、味觉享受，展现了旅游部学生的专业技能及服务意识，得到了校内外嘉宾、师生的一致好评。

分析：如果职业教育的教学一直沿袭普通教育的思想和方法，必将存在理论脱离实践，只注重知识传授而忽视学生能力培养的现象。实践证明，职业教育必须结合职业岗位进行操作技能的训练。然而，相当一部分职业学校由于存在缺乏训练设备、场地材料和资金等客观问题，使学生不能到真正的工作岗位实习，从而影响了毕业生的学习质量。案例中的乐咖啡工作室是典型的实习实训基地劳动实践项目，产教融合劳动实践真正做到了培养学生的多种能力，是将知识转化为能力和素质的桥梁，是学生认识社会的窗口和顺利步入工作岗位的捷径！

"纸上得来终觉浅，绝知此事要躬行。"学校和社会为我们提供了各种各样的实践机会。在专注课堂学习的同时，我们也需要走出教室、走出学校，到实习实训基地参加劳动实践。

一、工学交替

工学交替是一种将学习和工作相结合的教育模式，它以就业为导向，形式多种多样。工学交替是在校企双方联合办学的过程中逐渐形成的一种职业学校新的培养模式。

校企合作搭建实践平台 共建基地助力专业发展
——珠海市第一中等职业学校与广东省拱北口岸中国旅行社共建"旅行概念店"

2014年，珠海市第一中等职业学校（以下简称珠海一职）与广东省拱北口岸中国旅行社（以下简称口岸中旅）共建"旅行概念店"，并提出了"课堂小企业、企业大课堂"的合作理念，校企合作共同培养旅游专业人才。"旅行概念店"既是校企合作开展专业课程建设发展和具体教学活动的实训基地，又是口岸中旅的一个营业网点和品牌推广门市。"旅行概念店"占地约200m²，共划分为四个功能区域，即咨询区、体验区、指导区和展示区，分别对应不同的工作场景，是一个集教学、经营、培训、研发"四位一体"功能的"校中企"实训基地,实现了"教学真正对接一线岗位现场"。

珠海一职旅游部以旅行概念店为平台,校企共同承担人才培养方案制订、核心课程建设、实习实训基地建设、双师素质教师培养、企业员工培训,以及实习生指导和管理等任务,实现了校企合作办学、合作育人、合作就业、合作发展。在口岸中旅企业专家的指导下,旅游服务与管理、会展、旅游外语等专业的师生们先后开展了长隆海洋王国实践性教学、珠海蓝天小耶鲁幼儿园、拱北幼儿园、银都幼儿园等16所幼儿园的游学跟岗实践活动。

为更好地发挥该实践基地的资源优势,专业部特别组织成立了"旅行概念店企划社"社团。该校社团建设成绩突出,素有"百团校园"的美誉,而"旅行概念店企划社"是学校首个校企合作专业社团。每周二、周四下午均有企业专家到旅行概念店给予同学们现场专业指导。从2017年3月开始,每届社团学生都根据当月学校的德育主题月自主策划并组织开展大型活动,"中秋同乐会""少年一职冲""旅游线路微信推文比赛""六一亲子游园活动"四个大型活动经过不断完善,真正成为旅游部乃至全校的特色、亮点工作。此外,口岸中旅还派出金牌导游带领旅游专业优秀学生代表到珠海爱飞客飞行俱乐部开展优秀学子奖励活动。这些活动,一方面为学校、学生、教师提供了学习和发展平台,另一方面也为企业提供了人才储备,实现了合作共赢。

通过校企共建旅行概念店实训基地,取得了以下建设成果:一是人才培养质量得到切实提高,珠海一职15届毕业生黄思远成长为广东省旅游推广大使、广东省金牌导游,16届毕业生曲悠扬成长为广东省旅游推广大使、广东省明星导游;二是师资队伍质量得到有效提升,旅游专业多名教师先后荣获2017年度广东省青年教师教学能力大赛一等奖,珠海市青年教师教学能力大赛二等奖等奖项;三是教学内容及教学模式得以全面改革;四是对大湾区中职旅游专业产教融合等产生了积极的示范作用。

分析: 在校企实习实训基地里,学生亲自动手实施和团结协作完成主题活动,成功彰显了社团学生们名副其实的"企划实力",展示了学生们动手、动口、动眼、动脑、动心的自主学习亮点!并且真正让学生学以致用,发挥出旅游综合服务技能,成为校园课业学习—社团学习—文化学习的综合实践亮点!

思考: 结合所学专业,请同学们谈谈如何更好地实现学以致用?

二、现场管理

现场管理是管理人员对生产现场人(如工人)、机(设备、工具等)、料(原材料)、法(加工、检测方法)、环(环境)等生产要素进行有效管理,并对其所处状态进行不断改善的基础活动。5S管理是以整理(Seiri)、整顿（Seiton）、清扫（Seiso）、清洁（Seiketsu）、素养（Shitsuke）的目的，营造一目了然的现场环境，使企业中每个场所的环境、每位员工的行为都能符合5S管理的精神，最终提高现场管理水平、提升现场安全水平和产品质量。后来，在5S管理的基础上又扩充了"安全（Safety）"和"速度/节约（Speed/Saving）"两个"S"（英文单词的首字母），演变为"7S管理"。7个"S"的含义见表6-1。

表6-1　7个"S"的含义

7S	宣传标语	具体内容
整理（Seiri）	要与不要，一留一弃	◆区分需要的和不需要的物品，果断清除不需要的物品
整顿（Seiton）	明确标识，方便使用	◆将需要的物品按量放置在指定的位置，以便任何人在任何时候都能立即取来使用
清扫（Seiso）	清扫垃圾，美化环境	◆清除车间地板、墙、设备、物品、零部件等上面的灰尘、异物，以创造干净、整洁的环境
清洁（Seiketsu）	洁净环境，贯彻到底	◆改变现场"脏、乱、差"的状况
素养（Shitsuke）	持之以恒，养成习惯	◆遵守企业制定的规章纪律、作业方法，文明礼仪，具有团队合作意识等，使之成为素养，员工能发出自发的、习惯性的改善行为
安全（Safety）	清除隐患，排除险情，预防事故	◆保障员工的人身安全，保证生产连续安全正常的进行，同时减少因安全事故而带来的经济损失
节约（Saving）	对时间、空间、能源等方面合理利用	◆消除现场的浪费现象，科学地组织生产，从而创造一个高效率的、物尽其用的工作场所

7S管理各活动之间是紧密联系的，整理是整顿的基础，整顿是对整理成果的巩固，清扫是显现整理、整顿的效果，而通过清洁和素养，则可以使生产现场形成良好的氛围。

模块 ❻ 生产劳动实践

拓展训练

活动：《向工人致敬》板报设计

一、活动主题

设计板报《向工人致敬》。

二、活动时间

一周。

三、活动安排

1. 将学生分成小组，准备好纸、笔等。
2. 对工厂的工人进行观察，记录工人一天的主要工作。
3. 用拍摄照片、视频和文字描述等形式捕捉工人师傅的劳动瞬间。
4. 以板报形式展示记录工人劳动瞬间的作品，让同学直观了解各类劳动之美。
5. 小组间讨论、交流本次活动的心得。

6.3 角色转换和职场适应

学习目标

1. 了解学生角色与职业角色的区别。
2. 了解进入职场需要具备的职业意识。
3. 能够为适应职场环境提前做准备。

导入

学会与人相处

小丽从小就是个让父母骄傲的独生女，不仅人长得漂亮，而且成绩优异。她性格直爽，开朗活泼，在学校也一直深受老师与同学们的喜爱。在经历了两年多的学习之后，小丽面临着就业，她平时的直爽性格却成了缺点。在一次工作中，她忍不住给主管提了点意见后，就明显感到自己得罪了那个老同事们都叫"恐龙"的女主管。现在，她每天都要面对脸色"乌云密布"的主管，她发现在主管眼中，她没有对的地方。小丽心中虽然知道大事不妙，因为在试用期出错，就等于宣布了职位的死刑，可是又不知道如何才能挽回。好想走掉算了，可又舍不得这家公司。

小丽首先尝试与自己的师傅们沟通，虚心讨教。在同事的指点下，小丽主动找主管承认错误，希望她能原谅自己，给自己机会。与主管沟通后，主管的脸色虽然还没有"多云转晴"，可是小丽已经从"试用期死刑"改为延长试用期了。小丽在以后的工作中发现这个女主管其实是个热心肠的人。当初要是真的走掉了，双方将永远失去相互了解和理解的机会。

小丽在熟悉工作的过程中，学会转换自己的角度，用换位思考的方法来对待身边的人和事。学生与职场人的角色不一样，要做的事情，思考问题的角度也肯定不一样。她时刻提醒自己，现在是在公司，不是在学校，自己要思考的是怎样才能为公司做贡献；如果自己是主管领导，会想下属怎么做；做事情多三思而后行，不懂就问。任何事都不是一蹴而就的，小丽相信，通过自己的努力，踏踏实实做出成绩，一定会让大家对自己刮目相看。

分析：年轻人容易将事情看得简单且理想化，在跨出学校大门之前，都对未来充满憧憬。初出校门的学生不能立刻适应新环境，还喜欢提建议。以至于碰了壁还莫名其妙、不知所措。此时往往又会产生一种失落感，感到处处不如意、事事不顺心。对于即将就业的毕业生而言，一定要学会有效沟通。初入职场，学生不要表现得过于封闭，需要尽快学会与人合作、沟通。有效地进行沟通是职场生活的重中之重，也不要表现得过于张扬，以免引起大家反感。职场新兵应该清楚，公司是你工作的地方，不是学校，一切要服从上司的安排。"人无完人，金无足赤"，再好的上司也不可能有你想象的那么完美。对上司先尊重后磨合，对同事多理解、慎支持，与上司和同事多沟通、相互多了解，配合默契，才不容易产生误会。委屈的泪水，难解的困惑，会凝结出辛酸的经验，使你成熟、理智，获得的积累将是你职业生涯中一笔宝贵的财富，使你求得机遇，求得发展。

千千万万种劳动共同创造了我们的美好生活，作为学生，我们要为将来从事真正的社会劳动实践做好必要的准备。对于即将离开校园，走向工作岗位的毕业生而言，其最关心的莫过于怎样才能顺利地在新的工作岗位上干出一番事业；最需要的莫过于怎样更充分地认识自我和积极地适应社会，从而尽快完成从学生角色到职业角色的转换，准备好未来劳动所必需的品格和能力。

一、从学生到职业人的角色转换

人的一生有许多次角色的转换，例如，婴儿—幼儿园小朋友；学生—员工。从学生角色到职业人角色的转换是我们每个人都必须经历的过程，也是我们人生中最重要的一次转折。

职业人是指参与社会分工，自身具备较强的专业知识、技能和素质等，并通过为社会创造物质财富和精神财富而获得合理报酬，在满足自我精神需求和物质需求的同时，实现自我价值最大化的一类群体。

学生角色主要是接收任务、储备知识、培养能力，经济无法完全独立，有家长和学校的庇护，社会经验缺乏，人际交往较为简单。而职业人角色则工作目的性明确，家庭经济压力大，环境变化大，工作负荷量大，具有更强的社会责任感，需要承担各类风险，生活独立，与同事心灵沟通较少，生活较为单一，人际关系更复杂。

二、职业思维转换

导向决定方向，方向比努力更重要。有意识树立职业思维，是入职准备的重要一环。

1. 树立客户意识

客户意识是一个人或一个团队、一家企业对待客户的态度和思想状态，可具体分为以下几方面：关注客户需求的意识，理解行业/客户/需求原因，站在客户的角度考虑客户的价值追求；及时响应客户的意识，把客户放在心里重要的位置；持续服务客户的意识，站在客户的角度考虑客户的价值追求，全流程服务；团队协作服务客户的意识，明确协作的共同目标，视彼此为帮助自己实现目标的资源。

2. 树立标准意识

我们常讲，工作要有标准。标准是衡量事物及行为的准则和遵循。任何一项事业、一项工作、一种行为都有对应的标准或规则。按标准办事，才能把好事办好，把实事办实，事业才能少走弯路，工作才能有所进步；相反，如果不按标准办事，可能会产生一时的效益，但长远来说失败的局面不可避免。

3. 树立流程意识

流程意识核心体现在 3 个方面：①这件事情的整个过程是什么，其中要精确到人、事、物；②可以最大限度为这件事情做什么；③在这件事情当中领导需要做什么，在领导需要做的事情中，应该提前为他准备什么。厘清了这 3 个问题的思路，相信做事情的时候，都会有一个清晰完整的反应，也可以节省不少时间和精力。

4. 树立安全意识

职场上突发情况时有发生，尤其是一些高风险行业，风险的突发性和不可预测性更强。一个岗位出现问题，殃及的可能是整体。在职场上，需要时刻保持警醒的头脑，防患于未然。

5. 树立问题意识

树立问题意识，坚持问题导向。要勤于发现问题，乐于分析问题，善于解决问题。

6. 树立创新意识

创新是一个民族进步的灵魂，是一个企业兴旺发达的不竭动力。在激烈的市场竞争中，惟创新者进，惟创新者强，惟创新者胜。生活从不眷顾因循守旧、满足现状者，从不等待不思进取、坐享其成者，而是将更多的机遇留给善于和勇于创新的人。

三、职场环境的适应

中职毕业生要尽快适应环境，主要是要做好心理适应、生理适应、岗位适应、知识技能适应和人际关系适应。

1. 心理适应

进入职场后，一些毕业生会存在以下五种心理：对学生角色的依恋心理、观望等待的依赖心理、消极退缩的自卑心理、苦闷压抑的孤独心理，以及见异思迁的浮躁心理。因此，作为职场新人，我们首先要学会心理适应，学会适应艰苦、紧张而又有节奏的基层生活。毕业生由于缺少基层生活经历，可能会不习惯一些制度、做法，这时千万不要试图用自己的习惯去改变环境，而要学会入乡随俗，适应新的环境。我们要尽快培养自己的整体协作意识、独立工作意识和创造意识。

2. 生理适应

高素质的职业人不仅要具有健康的心理，还要具有健康的生理素质、科学文化素质，以及良好的思想品德。既然我们已经步入了职场，原来的许多生活习惯就需要适时改变，并且要及时调整生活规律，加强自我管理，遵守职场的规则，从而快速地适应职场生活。

3. 岗位适应

不同岗位所需的基本能力是不同的。职业院校学生刚毕业时，主要是进入技能型岗位，需要拥有岗位专业能力、学习能力、团队协作能力、自我管理能力、创新能力和沟通能力。我们在踏上工作岗位后，要学会根据现实环境调整自己的期望值和目标，为自己做一份职业规划，明确自己职业目标是什么，在职场中自己该扮演什么角色，该怎样去强化自己的职业能力，并且持续投入钻研，自然就能得到较好的发展。

4. 知识技能适应

尽管我们已经学习了很多理论知识，但是在实践中，我们仍会遇到各种各样的难题。因此，我们要虚心学习，主动工作，克服慵懒的习气，展现主动热情的个性。从细微处入手，从点滴事情做起。我们要主动投入到再学习中，多学习能让我们尽快适应工作的知识技能。为适应社会发展和实现个体发展的需要，我们需要培养主动问询、不断探索、不断自我更新、学以致用和优化知识的良好习惯，不耻下问，使自己职业岗位的技能更加完善。

5. 人际关系适应

在学校，我们主要面对的是老师和同学，但是进入职场，则要面对领导和同事。刚从学校毕业的我们待人一定要热情、谦虚、朴实、积极，无论对领导还是同事，都要彬彬有礼；同时努力工作，适当表现自己，尽可能地得到领导和同事的认可，赢得职场好人缘。

"适者生存，能者成功。""今天工作不努力，明天努力找工作。"年轻人拥有青春与激情，任何困难都无须惧怕，既然选择了远方，就只能风雨兼程，义无反顾，学会在苦差事中潜水，学会在生活中接受重创，学会换位思考，学会适应环境。适应，将使人生获得机遇；努力，将使职业生涯有所作为！

今天的刻苦学习是为未来的劳动做准备。请思考：你自己所学专业的发展前景如何？你对未来工作有什么期待？现在的你能做哪些准备？将你的想法填入下表中。

你所学的专业	
所学专业的发展前景	
你未来的工作设想	
你的学习计划	

模块 ❻ 生产劳动实践